“十四五”职业教育国家规划教材

新编21世纪高等职业教育精品教材·通识课系列

非物质文化遗产概论（第三版）

陈淑姣 ◎ 编著
田宏忠 ◎ 主审

INTRODUCTION TO INTANGIBLE CULTURAL HERITAGE

中国人民大学出版社
·北京·

图书在版编目（CIP）数据

非物质文化遗产概论 / 陈淑姣编著. --3 版.
北京：中国人民大学出版社，2025. 5. --（新编 21 世纪
高等职业教育精品教材）. -- ISBN 978-7-300-33885-9

Ⅰ. G112

中国国家版本馆 CIP 数据核字第 2025HJ9882 号

“十四五”职业教育国家规划教材
新编 21 世纪高等职业教育精品教材 · 通识课系列
非物质文化遗产概论（第三版）
陈淑姣 编著
田宏忠 主审
Feiwuzhi Wenhua Yichan Gailun

出版发行	中国人民大学出版社		
社　　址	北京中关村大街 31 号	邮政编码	100080
电　　话	010 - 62511242（总编室）		010 - 62511770（质管部）
	010 - 82501766（邮购部）		010 - 62514148（门市部）
	010 - 62511173（发行公司）		010 - 62515275（盗版举报）
网　　址	http://www.crup.com.cn		
经　　销	新华书店		
印　　刷	北京瑞禾彩色印刷有限公司	版　　次	2016 年 3 月第 1 版
开　　本	787 mm × 1092 mm　1/16		2025 年 5 月第 3 版
印　　张	14.5	印　　次	2025 年 5 月第 1 次印刷
字　　数	270 000	定　　价	55.00 元

序言

2001年，联合国教科文组织在《世界文化多样性宣言》中指出："文化多样性是交流、革新和创作的源泉，对人类来讲就像生物多样性对维持生物平衡那样必不可少。从这个意义上讲，文化多样性是人类的共同遗产，应当从当代人和子孙后代的利益考虑予以承认和肯定。"2003年，联合国教科文组织颁布了《保护非物质文化遗产公约》。二十多年来，该公约对于促进世界各国对各种世界遗产、各种文化传统的保护，促进世界各国之间的平等和互相尊重，促进各个民族、各个文明与文化之间的对话，提高人类的生存环境质量、丰富人类的精神生活，推动人类的和平、稳定和可持续发展发挥了独特的作用。

党的十八大以来，以习近平同志为核心的党中央从坚定文化自信、实现中华民族伟大复兴中国梦的战略高度，对非物质文化遗产保护工作做出一系列决策部署，铺展开新时代传承弘扬中华优秀传统文化的生动画卷。2004年，我国政府加入了联合国教科文组织《保护非物质文化遗产公约》；2005年，国务院办公厅下发了《关于加强我国非物质文化遗产保护工作的意见》；2006年，在联合国教科文组织《保护非物质文化遗产公约》首次缔约国大会上，我国加入了保护非物质文化遗产政府间委员会；2011年，我国颁布实施了《中华人民共和国非物质文化遗产法》。我国的非物质文化遗产保护工作蹄疾步稳，建立了国家、省、市、县四级名录体系，共认定各级非物质文化遗产代表性项目10万余项，认定各级代表性传承人9万多人，一大批珍贵、濒危和具有重大价值的非物质文化遗产得到有效保护；自从2001年昆曲入选联合国教科文组织人类口头和非物质遗产代表作以来，截至2024年12月，我国共有44个非遗项目列入联合国教科文组织人类非物质文化遗产代表作名录（名册），总数居世界第一，为国际社会提供了非物质文化遗产保护的中国经验。

进入新时代，我国非物质文化遗产保护工作进入了巩固保护成果、增强传承活力的新阶段，要让非物质文化遗产“活”起来，成为推动经济社会高质量发展的新动能。2021 年 8 月，中共中央办公厅、国务院办公厅印发的《关于进一步加强非物质文化遗产保护工作的意见》指出，加大非物质文化遗产传播普及力度，将非物质文化遗产内容贯穿国民教育始终，构建非物质文化遗产课程体系和教材体系；加强高校非物质文化遗产学科体系和专业建设，在职业学校开设非物质文化遗产保护相关专业和课程。

《非物质文化遗产概论》自 2016 年首次出版以来，受到读者欢迎，有近百所高校使用。修订后，本书介绍了非物质文化遗产概念的内涵和外延，非物质文化遗产保护的进程及学理和法理基础，从概念、特征和价值等方面系统、全面地介绍了我国非物质文化遗产十大类型，包括民间文学，传统音乐，传统舞蹈，传统戏剧，曲艺，传统体育、游艺与杂技，传统美术，传统技艺，传统医药，民俗，并分类精选国家级非物质文化遗产代表性项目进行详细解读，有思想、视野广，非遗项目案例典型翔实、可读性强，配套了网络精品课程和丰富的教学资源，适合读者线上线下结合学习。本书将填补国内大专院校非遗类教材的缺口，也响应了国家“出版非物质文化遗产通识教育读本”的号召，有非常强的现实意义。

本书站在文化和历史的高度，对我国非物质文化遗产进行深入浅出的解读，让读者全面而深刻地了解民族传统文化，可作为本科、职业院校相关课程的教材，也可作为高校传统文化教育、美学教育的通识读物，可对相关学科和专业的建设以及人才培养发挥有益作用。

杜大恺

前言

党的二十大报告指出，中华优秀传统文化源远流长、博大精深，是中华文明的智慧结晶。中华优秀传统文化是我们在世界文化激荡中站稳脚跟的根基。我们要坚持守正创新，推动中华优秀传统文化创造性转化、创新性发展，为民族复兴立根铸魂。

中共中央办公厅、国务院办公厅印发的《关于进一步加强非物质文化遗产保护工作的意见》中指出，非物质文化遗产是中华优秀传统文化的重要组成部分，是中华文明绵延传承的生动见证，是联结民族情感、维系国家统一的重要基础。我们要坚守中华文化立场、传承中华文化基因。本书以习近平新时代中国特色社会主义思想为指导，落实立德树人根本任务，让学习者深入了解我国非物质文化遗产，理解、欣赏、弘扬中华优秀传统文化，践行社会主义核心价值观，坚定文化自信，从而铸牢中华民族共同体意识。

本书主要结构如下：首先从非物质文化遗产的概念、非物质文化遗产保护的学理和法理基础出发，帮助学习者了解我国非物质文化遗产保护的巨大成就；其次重点系统、全面地介绍我国非物质文化遗产十大类型，包括民间文学，传统音乐，传统舞蹈，传统戏剧，曲艺，传统体育、游艺与杂技，传统美术，传统技艺，传统医药，民俗，从概念、文化特征和文化价值等方面进行细致的讲解，特别是每个类型都精选了国家级非物质文化遗产代表性项目，通过详细解读，帮助学习者理解、认同中华优秀传统文化，达到传承中华文化基因、弘扬中华传统文化当代价值的目标。

本书体例特点在于，注重案例赏析，非遗项目案例典型翔实、可读性强。各章设有“学习目标”“传承故事”“延伸阅读”“非遗名录附录”“思考与练习”实践模块，正文中穿插若干视频二维码，扫描便可进行视频学习，配套了国家级在线精品课程和丰富的网络资源，这些都有助于学习者线上线下结合学习。

随着时代的发展，国家非遗保护快速推进，书中有些概念和案例不免过时，因此本次再版修正了一些概念，补写了中国非物质文化遗产保护进程，补充了中国非物质文化遗产保护的最新成果。本书在编写过程中，得到了文化和旅游部非物质文化遗产司、中国艺术研究院非遗保护中心、中国国家京剧院、新疆维吾尔自治区非物质文化遗产保护中心、北京市门头沟区文化馆、吉林省延边非物质文化遗产保护中心、江苏省昆山市昆曲博物馆、江苏省苏州市非物质文化遗产保护管理办公室、河北省吴桥县非物质文化遗产保护中心、湖北省十堰市非物质文化遗产保护中心、陕西省宝鸡市凤翔区文化馆、北京市珐琅厂有限责任公司、江西省景德镇市非物质文化遗产研究保护中心的帮助，清华大学美术学院博士生导师吴冠英教授及国家级非物质文化遗产代表性传承人钟连盛、李文跃、邰立平、胡新明等大师为本书提供了第一手材料，田宏忠研究员参与本书整体结构设计并对本书进行全面审核，课程团队成员刘正宏、李珂、胡明强、崔碧君等老师给予了大力支持。此外，本书引用了相关的公开资料和图片，在此一并致谢！

由于本人学术水平有限，书中难免有纰漏，恳请广大读者提出宝贵意见。

陈淑姣
北京科技职业大学

目录

第一章　非物质文化遗产概述

第二章　民间文学

第三章　传统音乐

第四章　传统舞蹈

第五章　传统戏剧

第六章　曲　艺

第七章　传统体育、游艺与杂技

第八章　传统美术

第一章　非物质文化遗产概述

学习目标

知识目标

1. 了解非物质文化遗产的概念和特征。

2. 掌握我国非物质文化遗产的分类体系。

3. 掌握非物质文化遗产保护的学理和法理基础。

4. 了解我国非物质文化遗产保护取得的成就。

技能目标

1. 能理解和描述非物质文化遗产在我国文化建设中的地位、作用。

2. 能用文字表达对非物质文化遗产传承与创新的理解。

素质目标

1. 充分认识我国非物质文化遗产保护的公民使命，增强社会责任感和依法保护民族传统文化的意识。

2. 增强对文化多样性的认同和尊重，提升保护非物质文化遗产的素养。

非物质文化遗产是在历史、艺术、宗教、人类学、社会学、语言学、文学或手工艺方面具有突出价值并曾广为流传的传统文化的代表形式，是人类创造的具有突出价值的代表作，是世界文化的精粹。本章介绍了非物质文化遗产的概念、特征，非物质文化遗产保护的进程及学理、法理基础，以及国际和国内非物质文化遗产的不同分类体系，并通过举例让读者初步认识非物质文化遗产。

第一节 非物质文化遗产的概念和特征

一、非物质文化遗产相关概念

（一）文化遗产

联合国教科文组织1972年颁布的《保护世界文化和自然遗产公约》指出，“文化遗产”包括古迹、建筑群和遗址三大部分，具体如下：

古迹：从历史、艺术或科学角度看，具有突出的普遍价值的建筑物、碑雕和碑画、具有考古性质的成分或构造物、铭文、窟洞以及景观的联合体。

建筑群：从历史、艺术或科学角度看，在建筑式样、分布均匀或与环境景色结合方面具有突出的普遍价值的单立或连接的建筑群。

遗址：从历史、审美、人种学或人类学角度看，具有突出的普遍价值的人类工程或自然与人的联合工程以及包括考古地址的区域。

联合国教科文组织对文化遗产的定义反映了“文化”概念向实物层面的扩张，但没有包含“文化”本身的精神内涵及“遗产”概念的精神属性。

中国民间文化遗产抢救工程工作委员会将“文化遗产”定义为“人们所承袭的前人创造的文化或文化的产物”[①]。这里的定义包括了文化遗产的物化层面和精神内涵。

① 刘壮，牟延林．非物质文化遗产概念的比较与解读．西南大学学报（社会科学版），2008（5）：183－187.

（二）非物质文化遗产

1. 联合国教科文组织对“非物质文化遗产”概念的界定

2003年10月17日，联合国教科文组织第32届大会通过了《保护非物质文化遗产公约》(Convention for the Safeguarding of the Intangible Cultural Heritage)，公约详细界定了非物质文化遗产的内涵和非物质文化遗产涵盖的内容。

《保护非物质文化遗产公约》对“非物质文化遗产”的定义是：被各社区、群体，有时是个人，视为其文化遗产组成部分的各种社会实践、观念表述、表现形式、知识、技能以及相关的工具、实物、手工艺品和文化场所。这种非物质文化遗产世代相传，在各社区和群体适应周围环境以及与自然和历史的互动中，被不断地再创造，为这些社区和群体提供认同感和持续感，从而增强对文化多样性和人类创造力的尊重。非物质文化遗产所涵盖的内容包括：口头传统和表现形式，包括作为非物质文化遗产媒介的语言；表演艺术；社会实践、仪式、节庆活动；有关自然界和宇宙的知识和实践；传统手工艺。

非物质文化遗产概念中的非物质性是与满足人们物质生活基本需求的物质生产相对而言的，是指以满足人们的精神生活需求为目的的精神生产这层含义上的一种特性。非物质文化遗产常常以物化的形态呈现，其非物质性，并不是说与物质绝缘，而是更加强调以非物质形态存在的精神领域的创造活动及其结晶。

如我国的古琴艺术、昆曲等，要依靠表演者和一定的乐器、道具及具体的表演过程等物化的载体与表现形式呈现出来。但是，非物质文化遗产所重点强调的并不是这些物质层面的载体和呈现形式，而是蕴藏在这些物化形式背后的精湛的技艺、独到的思维形式、丰富的精神内涵等非物质形态的内容。怎么区分

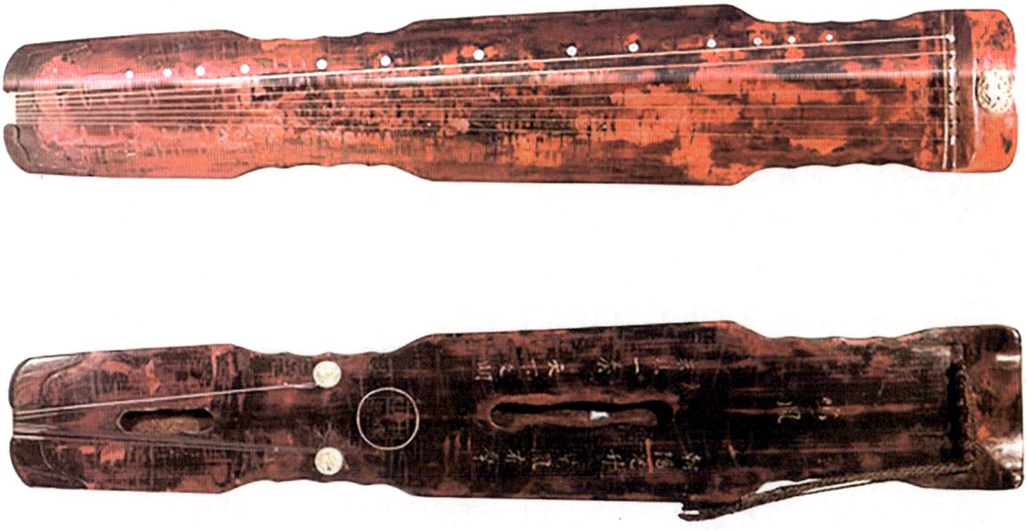

古琴——鸣凤

物质文化遗产和非物质文化遗产呢？古琴艺术被联合国教科文组织列入第二批人类口头和非物质遗产代表作，古琴是物，不是非物质文化遗产，古琴演奏家是人，也不是非物质文化遗产，只有古琴的发明、制作、弹奏技巧、曲调谱写、演奏仪式、传承体系、思想内涵等才是非物质文化遗产。古琴艺术与古琴、古琴演奏家之间的关系很好地说明了非物质文化遗产与其物质载体、物化形式之间的关系。

2. 我国对“非物质文化遗产”概念的界定

联合国教科文组织通过的《保护非物质文化遗产公约》所界定的非物质文化遗产的概念是面向世界各国、各种文化样式的，在很多方面并不切合我国实际。根据我国国情，国务院于 2005 年 3 月颁布了《国家级非物质文化遗产代表作申报评定暂行办法》，并在其中对“非物质文化遗产”的定义重新做出了界定：非物质文化遗产指各族人民世代相承的、与群众生活密切相关的各种传统文化表现形式（如民俗活动、表演艺术、传统知识和技能，以及与之相关的器具、实物、手工制品等）和文化空间。其具体涵盖六个方面的内容：（1）口头传统，包括作为文化载体的语言；（2）传统表演艺术；（3）民俗活动、礼仪、节庆；（4）有关自然界和宇宙的民间传统知识和实践；（5）传统手工艺技能；（6）与上述表现形式相关的文化空间。

从非物质文化遗产的概念及涵盖的内容可以看出，非物质文化遗产主要表现为人们的生产方式和生活方式，虽然很多非物质文化遗产项目是通过一定的物化形式得以呈现的，但它主要表现为一种不断运动着的活态存在，并主要依赖传承人口传心授的方式传承，活态流变性是它的主要特征。而物质文化遗产则更多以固化、凝定的物质形态呈现。从这一意义上说，如果将物质文化遗产称为“固态文化遗产”，与之相对应，则可将非物质文化遗产称为“活态文化遗产”，以更形象鲜明地体现这类文化遗产的本质特征。

非物质文化遗产的概念

我国是一个统一的多民族国家，在漫长的历史发展中创造了十分丰富的非物质文化遗产。自从 2006 年国务院公布我国第一批国家级非物质文化遗产名录以来，共认定各级非物质文化遗产代表性项目 10 万余项，认定各级代表性传承人 9 万多人。截至 2024 年 12 月，我国已有 44 个项目列入联合国教科文组织人类非物质文化遗产代表作名录（名册），数量居世界第一。我国各族人民在长期生产生活实践中创造的丰富多彩的非物质文化遗产，是中华民族智慧与文明的结晶，是联结民族情感的纽带和维系国家统一的基础。保护和利用好非物质文化遗产，对于继承和发扬中华民族优秀传统文化，增进民族自信心和凝聚力，实现经济社会的全面、协调、可持续发展具有重要意义。

《听琴图》（宋　赵佶）

延伸阅读

中国非物质文化遗产标志

从标志的整个布局来讲，外面是圆形，里面是方形，圆形表示循环、生生不息，方形与外圆形对应，体现了天圆地方的同根文化，方圆相生、渊源与共。中心的图形有鱼纹和抽象的双手。鱼纹是中华民族最早的图形纹样之一，既隐含“文”字，又因鱼生于水，寓意中国非物质文化遗产源远流长、世代相传。鱼纹造型既似“天井”，寓意非物质文化遗产诞生于民间，并在民间广泛流传，又似“田”字，意指中国先民与大地紧密相连，非物质文化遗产根植于广袤的大地中。抽象的双手上下共护“文”字，意喻细心守护精神家园。

二、非物质文化遗产的特征

与物质文化遗产相比，非物质文化遗产有着自己的特殊性。基于对非物质文化遗产的产生时间、空间，人文、社会环境，以及存续方式等的分析，可将其特征概括为传承恒定性、活态流变性、民族性、地域性和多元性。

非物质文化遗产的特征

（一）传承恒定性

传承恒定性是指非物质文化遗产所具有的被人类以群体或个体的方式一代接一代地继承或发展的性质。传承性是人类所有遗产的共同特点，非物质文化遗产也是如此。

非物质文化遗产以有形的“物质”为载体，其传承的特殊载体是“人”，传承方式是人的精神交流，如口述语言、身体语言、观念、心理积淀等口传心授的方式，这种传承是抽象的、无形的，承担这种传承责任的“人”必须掌握专门的知识、观念和技能，而这种知识、观念和技能就是非物质文化遗产的内容。

非物质文化遗产的传承主要依靠世代相传，一旦停止了传承活动，也就意味着非物质文化遗产的消亡。非物质文化遗产的传承打上了鲜明的民族、家庭烙印，前辈通过口传心授的方式把技能、技艺传给下一代，这种代代相传的活动使非物质文化遗产得以保存和延续，也使非物质文化遗产成为历史的活的见证。

智化寺京音乐又称京音乐，来源于明代宫廷礼仪音乐，是我国现有古乐中唯一按代传袭的乐种，至今保存完好。据传，明代宦官王振将明宫廷音乐的工尺谱私移至家庙智化寺中，配上古谱，由家庙的艺僧习而演之，逐渐发展成集宫廷音乐、佛教音乐、民间音乐于一体的“京音乐”。京音乐通过口传心授的方式，绵延传承了五百多年，它与西安鼓乐、大相国寺梵乐、五台山佛乐及福建南音是我国现存最古老的五种古乐。京音乐一直遵循严格的师承关系，在演奏姿势、技巧以及乐谱传承方面都非常严谨，忠实地保存了中国传统音乐的基本风貌。从现有资料看，大部分学者认为京音乐与唐宋古乐有关，在曲目、乐器、宫调、演奏方法等方面保存了宋、明旧制，被誉为中国古代音乐的“活化石”。京音乐的传承印证了非物质文化遗产传承的恒定性。

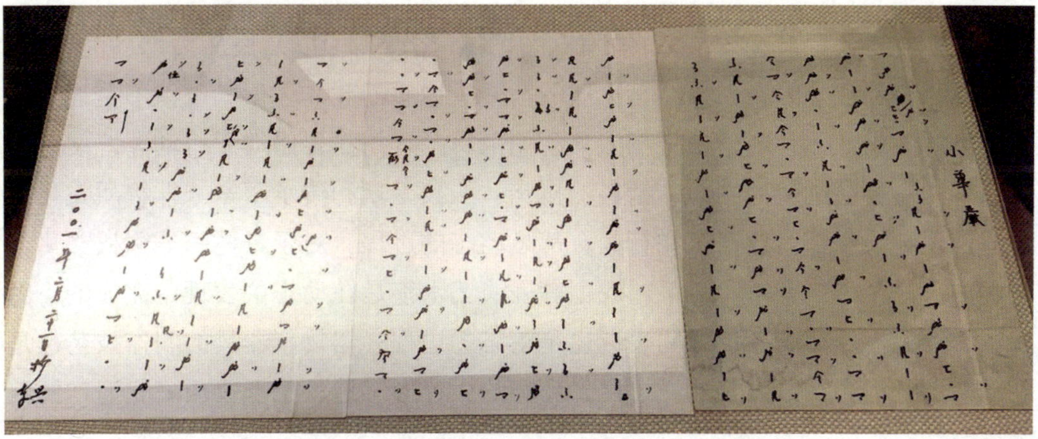

智化寺京音乐手抄乐谱

（二）活态流变性

非物质文化遗产主要通过人们的悉心传授或相互学习等方式流传到其他民族和区域。这种传播呈现出活态流变的特点，是非物质文化遗产与物质文化遗产的重要区别之一。物质文化遗产的主要传播手段是复制，但非物质文化遗产的传播是一种活态流变，是继承与变异、一致与差异的辩证结合，它在传播过程中，常常与当地的历史、文化相互融合，从而呈现出继承和发展并存的状况。如端午节起源于我国，在中外文化交流中传播到了韩国，融入了很多韩国的风俗习惯和文化传统，演变成为入选联合国教科文组织人类非物质文化遗产代表作名录的“江陵端午祭”。又如，2011 年入选联合国教科文组织人类非物质文化遗产代表作名录的“中国皮影戏”，在宋代成熟和盛行，经过宋、金、元、明四个历史时期的发展，在清代呈现出繁荣局面。在长期的演化过程中，皮影戏的音乐唱腔吸收了地方音乐、戏曲、民歌小调的精华，皮影的雕刻吸收了各地的民间美术元素，从而形成了异彩纷呈的众多形态。

不同地域的皮影头茬（陕西华县皮影、河北唐山皮影、湖北江汉平原皮影）

非物质文化遗产蕴含着人的价值、精神、创造力，以及民族情感、世界观、价值观和审美观等因素，虽然有物质的因素、物质的载体，但其价值不是通过物质形态体现出来，它属于人类行为活动的范畴，有的需要借助于行动才能展示出来，有的需要通过某种高超、精湛的技艺才能被呈现和传承下来。非物质文化遗产的表现与传承都需要语言和行为，都是动态的过程。对于具体的非物质文化遗产类型来说，传统音乐、舞蹈、戏剧等表演艺术都是在动态的表现中完成的；图腾崇拜、民俗、节庆等仪式的表现也是动态的过程；器物、器具的制作技艺也是在动态的过程中得以表现的。总之，动态的生存形态造就了非物质文化遗产的活态流变性。

（三）民族性

民族性是指非物质文化遗产为某一民族独有，深深地打上了该民族的烙印，体现了其独特的思维方式、世界观、价值观、审美意识、情感表达等因素。从民族的形式特征方面看，民族的人种（包括肤色、形体等）、服饰、饮食、生产方式、语言、风俗等，这些因素受自然环境影响很大；从更深层的民族特性来看，世界观、信仰、思维方式、价值观、文化/心理结构、审美趣味、生活方式、民族认同等，这些因素是长期形成的，表现在日常生活和行为的方方面面，有很强的稳定性，不太容易改变[①]。民族性的表现形式和内容在非物质文化遗产的形态上有很鲜明的体现。

如2003年我国入选联合国教科文组织人类口头和非物质遗产代表作的古琴艺术，民族性是其重要价值之一。古琴在中国已有3 000多年的历史，具有鲜明的民族特色，是中华传统文化的瑰宝。古琴音乐有着顺乎自然、耐人寻味的特质，人们能在古琴朴实低缓、沉静旷远的声音之中，由躁入静进而物我两忘。它蕴藏

① 王文章．非物质文化遗产概论．修订版．北京：教育科学出版社，2013：53－57.

着中华民族追求意境、崇尚内在和含蓄的文化精神，体现了人们修身悟道的德行，是人格培养与精神升华的重要方式和手段。

古琴技艺

（四）地域性

地域性是指非物质文化遗产在一定区域内产生、流传、发展，或者同一种非物质文化遗产在不同区域有着各不相同的演化。非物质文化遗产与当地的民风民俗有着密切的关系，是一种区域性的习惯或与当地居民生活息息相关的活动，地域性既体现又强化了非物质文化遗产的民族性。

非物质文化遗产经过一代一代的传承逐渐演化而来，与它存在的地域有着千丝万缕的联系。同一种非物质文化遗产，在不同的文化环境下会呈现出不同的面貌，传播到不同地区、不同民族会产生变异和不同的发展，并深深打上这些地区和民族的烙印。

如端午节是我国的传统节日，但是，地域不同，节日的习俗也不一样。古代，在荆楚大地，端午节的主要习俗为吃粽子和赛龙舟，以追怀楚国大夫屈原。东吴一带的端午节不是纪念屈原，而是纪念五月五日被投入大江的吴国大臣伍子胥。在老北京的民俗中，端午节是一个大节日，与春节和中秋节合称“三大节”，这一天皇帝可以不上朝，老百姓需敬神祀祖、纪念先贤，妇女可携子回娘家，朋友们可以借机聚会，全城呈现出热闹的节日景象。在老北京的传统里，端午节忌打井水，往往于节前预汲，据说是为了“避井毒”，家中还会挂艾蒿、系五彩线等。在南京，端午时节，各家皆以清水一盆加入少许雄黄、两枚鹅眼钱，合家大小均用此水洗眼，称为“破火眼”，据说可保一年没有眼疾。可见，每个地域独特的环境和习俗决定了该地的文化特征。

端午节赛龙舟

（五）多元性

多元性主要是针对非物质文化遗产的存在形态而言的。非物质文化遗产存在形态的多元性，是由非物质文化遗产内容的多样性决定的。非物质文化遗产是人类世代相传的精神财富，体现了不同地区、民族、信仰的群体、个体的精神继承和发展过程，因而，不同时期、不同地域、不同民族的非物质文化遗产具有不同的形态。

例如，中国有各种纺织和刺绣工艺，各民族有不同的技艺和方法。其中，蚕桑丝织是汉族的一种文化标识，对中国历史发展做出了重大贡献。中国蚕丝织造技艺包括杭罗、绫绢、丝绵、云锦、蜀锦、宋锦等织造技艺及轧蚕花等丝绸生产习俗。汉族劳动人民是首先发明并大规模生产和使用丝绸的民族，其制作的丝绸制品开启了世界历史上第一次东西方大规模的商贸交流，史称“丝绸之路”。

黎族传统纺染织绣技艺是黎族妇女创造的一种纺织技艺，它集纺、染、织、绣于一体，用棉线、麻线和其他纤维等材料制作衣服与其他日常用品。黎族妇女从小就从母亲那里学习扎染经纱布、双面绣、单面提花织等纺织技艺，她们凭自己丰富的想象力和对传统样式的了解来设计纺织图案，在没有书面语言的情况下，这些图案便成为黎族历史、文化、宗教、民俗的记录者。作为黎族文化的载体，黎锦的传统纺织技艺是黎族文化遗产中必不可少的一部分。

南京云锦是我国汉族优秀传统文化的杰出代表，因其绚丽多姿，美如天上云霞而得名。云锦浓缩了中国丝织技艺的精华，有“寸锦寸金”之誉。南京云锦与成都蜀锦、苏州宋锦、广西壮锦并称“中国四大名锦”。在几百年的发展历程中，南京云锦不断创新、改进和吸纳其他艺术的精华，集历代织锦工艺之大成，是中国丝绸文化的璀璨结晶。

由此可见，传统纺织和刺绣技艺有许多不同的表现形态，充分体现了非物质文化遗产的多元性。

南京云锦织造技艺

第二节　非物质文化遗产保护的进程

“非物质文化遗产”概念提出的时间并不长，人们对它的认识和理解经历了一个渐进的过程。1972 年，联合国教科文组织颁布了《保护世界文化和自然遗产公约》，人们在保护自然遗产和文化遗产的过程中，逐渐认识到非物质文化遗产在整个遗产保护中的重要性和特殊性，并开始大力开展非物质文化遗产的保护活动。2003 年，联合国教科文组织通过了《保护非物质文化遗产公约》。从《保护世界文化和自然遗产公约》到《保护非物质文化遗产公约》，历经 31 年，这是一个对非物质文化遗产的认识不断深化的过程。

一、自然遗产与文化遗产概念的提出

1972年11月16日，联合国教科文组织在巴黎通过了《保护世界文化和自然遗产公约》，同时还颁布了《关于国家一级保护文化和自然遗产建议案》。这两个文件明确了"世界遗产""文化遗产""自然遗产"等概念。

20世纪60年代，埃及在尼罗河上游修建了阿斯旺水坝，致使两座千年神庙毁于一旦；在20世纪60—70年代，全世界因为旅游和水利工程而毁掉的古迹要远远多于两次世界大战所破坏的古迹。为了使众多遗产得到有效保护，联合国教科文组织颁布了《保护世界文化和自然遗产公约》。该公约把对人类整体有特殊意义的文物古迹、风景名胜及自然风光、文化及自然景观列入《世界遗产名录》。该公约规定的保护对象是自然遗产和文化遗产，并对自然遗产和文化遗产都做了相应的界定，同时还规定了一种遗产类型，就是文化与自然双重遗产，即"世界遗产中将在历史、艺术或科学及审美、人种学、人类学方面有着世界意义的纪念文物、建筑物、遗迹等文化遗产，和在审美、科学、保存形态上特别具有世界价值的地形或生物，以及包括景观在内的地域等自然遗产融合起来，构成的第三个类别的遗产，是同时含有文化与自然两方面因素的文化与自然双重遗产"。这种遗产的

文化与自然双重遗产——泰山

意义并不是文化遗产简单地加上自然遗产，其深层寓意是“人类从改造自然、利用自然到与自然和谐相处的观念的巨大变化”。我国的泰山、黄山等名胜均属于文化与自然双重遗产。

二、非物质文化遗产概念的提出和发展

（一）第一个阶段：通过《保护民间创作建议案》

随着保护自然遗产和文化遗产工作的深入，保护非物质文化遗产的工作被提上了联合国的议事日程。1989 年 11 月，联合国教科文组织第 25 届大会通过了旨在保护民间传统文化的建议书《保护民间创作建议案》。《保护民间创作建议案》没有使用“非物质文化遗产”的概念，而是以“民间创作”来指代“非物质文化遗产”。其对“民间创作”的定义是：“民间创作是指来自某一文化社区的全部创作，这些创作以传统为依据，由某一群体或一些个体所表达并被认为是符合社区期望的作为其文化和社会特性的表达形式；其准则和价值通过模仿或其他方式口头相传。它的形式包括：语言、文学、音乐、舞蹈、游戏、神话、礼仪、习惯、手工艺、建筑术及其他艺术。”从该建议案对“民间创作”的界定来看，其实际所指就是非物质文化遗产。

（二）第二个阶段：建立“无形文化财制度”

亚洲有些国家把众多的保护对象称为“财”，如“有形财”“无形财”“文化财”等概念。1871 年，日本以立法的形式对“有形文化财”（物质遗产）进行保护。1950 年，日本通过了《文化财保护法》，这是日本在保护文化遗产方面的一部重要法典。这部法律把保护对象分为有形文化财、无形文化财等八类，扩展了文化遗产保护的范围，将无形文化财也纳入保护之列。1975 年，日本对《文化财保护法》进行了修订，将民俗资料分为有形文化财和无形文化财。日本的《文化财保护法》把文化遗产分为有形文化遗产和无形文化遗产是首创性的，并对世界范围内的文化遗产保护产生了积极的影响。受到日本的影响，1962 年韩国也颁布了《文化财保护法》，把文化财分为有形文化财、无形文化财、纪念物、民俗文化财。韩国的《文化财保护法》规定，无形文化财主要是指历史、艺术、学术等方面具有较高价值的演剧、音乐、舞蹈、工艺技术，以及其他无形的文化载体。2003 年联合国教科文组织颁布的《保护非物质文化遗产公约》吸收了日本、韩国的经验，并借鉴了相关的提法，“非物质文化遗产”概念是由“无形文化遗产”概念发展而来的。

（三）第三个阶段：通过《世界文化多样性宣言》

2001 年，联合国教科文组织第 31 届大会通过的《世界文化多样性宣言》指出："文化多样性是交流、革新和创作的源泉，对人类来讲就像生物多样性对维持生物平衡那样必不可少。从这个意义上讲，文化多样性是人类的共同遗产，应当从当代人和子孙后代的利益考虑予以承认和肯定。"宣言反映出尊重多元文化格局、尊重各个文明成就已经成为联合国各成员的共识，各个民族、各种文化、各种文明之间应该互相尊重，用对话代替敌视、冲突，在彼此理解中积极寻求认同和共识，共同维护多元共存、共生的格局，以维持和发展人类的自然环境与人文环境，提升人类的生活质量。各国、各地区在联合国教科文组织的主导下于 2001 年进行了第一次世界范围内的人类口头和非物质遗产代表作申报工作，联合国教科文组织认定了包括中国昆曲艺术在内的 19 项代表作。

（四）第四个阶段：颁布《保护非物质文化遗产公约》

2003 年 10 月 17 日，联合国教科文组织第 32 届大会通过了《保护非物质文化遗产公约》，公约详细界定了非物质文化遗产的内涵和外延，并为联合国各成员提供了可供操作的申请细则，标志着联合国教科文组织主导、世界各国参与的非物质文化遗产保护工作已经达到了新的水平和阶段。

联合国教科文组织和世界各国、各地区对非物质文化遗产的认识是一个逐渐深入的过程，也是一个逐步完善的过程。"非物质文化遗产"概念是与"物质文化遗产"相对应而提出来的，它发端于非物质形态文化遗产保护本身现实而迫切的需要，也弥补了《保护世界文化和自然遗产公约》在非物质文化遗产保护方面的缺失。

《保护非物质文化遗产公约》的实施，唤醒了各国人民保护各种非物质文化遗产的自觉意识，促进了世界各国对各种世界遗产、各种文化传统的保护；有利于促进世界各国之间的平等和互相尊重，促进各个民族、各种文明与文化之间的对话；也有利于促进世界各国之间政治、经济和文化方面的交流与合作，改善人类的生存环境、丰富人类的精神生活，对推动人类的和平、稳定和可持续发展发挥独特的作用。

三、我国的非物质文化遗产保护

非物质文化遗产是人类文明的结晶和宝贵财富，是人类社会得以延续的文化命脉，但随着社会的快速发展，文化生态平衡遭到了严重的破坏，一些非物质文化遗产正以空前的速度走向消亡。维护世界文化多样性，保护非物质文化遗产是国际性的课题，是全人类共同的责任。中华民族历来就有保护非物质文化遗产的优良传统，新中国成立后，特别是党的十八大以来，在习近平新时代中国特色社会主义思想的指引下，我国在保护非物质文化遗产方面做了大量的工作，取得了突破性的成就，不仅开创了非物质文化遗产在当代传承发展的生动局面，而且许多非物质文化遗产保护的方法和措施为国际社会提供了中国经验。

2004 年 8 月 28 日，第十届全国人大常委会第十一次会议批准了联合国教科文组织的《保护非物质文化遗产公约》；2005 年 3 月，国务院办公厅下发了《关于加强我国非物质文化遗产保护工作的意见》。2006 年 6 月，在联合国教科文组织《保护非物质文化遗产公约》首次缔约国大会上，我国加入了保护非物质文化遗产政府间委员会。2011 年，我国颁布了《中华人民共和国非物质文化遗产法》(简称《非物质文化遗产法》)，该法的出台具有里程碑意义，为我国的非物质文化遗产保护工作提供了坚实的法治保障。文化部门相继出台了关于非物质文化遗产代表性项目保护与管理、代表性传承人认定与管理、专项资金管理、文化生态保护区建设管理等制度规范。我国先后设立了 23 个国家级文化生态保护实验区，非物质文化遗产资源总量近 87 万项。截至 2024 年 12 月，国务院共公布了 5 批共 1 557 项国家级非物质文化遗产代表性项目，包括民间文学类 167 项，传统音乐类 189 项，传统舞蹈类 144 项，传统戏剧类 171 项，曲艺类 145 项，传统体育、游艺与杂技类 109 项，传统美术类 139 项，传统技艺类 287 项，传统医药类 23 项，民俗类 183 项。截至 2025 年 3 月，国家文化主管部门共认定了 6 批共 3 999 名国家级非物质文化遗产代表性项目代表性传承人。

在世界舞台上，2001 年，我国昆曲在联合国教科文组织宣布的第一批人类口头和非物质遗产代表作中名列榜首；2003 年，在第二批代表作中，我国古琴艺术名列其中；2005 年，我国新疆维吾尔木卡姆艺术及中蒙联合申报的蒙古族长调民歌入选第三批代表作。2008 年，人类非物质文化遗产代表作名录建立后，以上几项代表作自动纳入该名录。截至 2024 年 12 月，我国有 44 个项目列入联合国教科文组织人类非物质文化遗产代表作名录（名册），数量居世界第一。古琴艺术、中医针灸、中国篆刻、二十四节气、中国书法、中国珠算、中国传统木结构建筑营造技艺、龙泉青瓷烧制技艺、藏医药浴法、妈祖信俗、京剧、南音、西安鼓乐、太极拳、中国传统制茶技艺及其相关习俗、春节……这 44 项代表中国入选的世界级非物质文化遗产，被称为“活着的人类财富”，是全人类共同享有的文化瑰宝，中国的非物质文化遗产已经成为推动世界文明交流互鉴的重要力量。

中国剪纸

2018年6月6日，在法国巴黎联合国教科文组织总部举行的《保护非物质文化遗产公约》缔约国大会上，我国以123票当选为保护非物质文化遗产政府间委员会委员国，这是我国第二次担任保护非物质文化遗产政府间委员会委员国。自2004年加入公约以来，我国一直积极开展履约工作，与联合国教科文组织和各缔约国在双边、多边层面开展多种形式的非物质文化遗产保护交流与合作，为公约发展贡献中国智慧，充分展示了我国积极履约的负责任大国形象和对人类非物质文化遗产保护事业的郑重承诺，巩固与提升了我国文化国际话语权和影响力，同时也推动了我国非物质文化遗产保护工作可持续发展。

非物质文化遗产的认识历程

2020年10月12日至13日，习近平总书记在广东考察时指出，要加强非物质文化遗产保护和传承，积极培养传承人，让非物质文化遗产绽放出更加迷人的光彩。全国各地深入开展非遗保护传承工作，挖掘并合理利用非遗资源。目前，我国已建立起国家、省、市、县四级名录体系，共认定各级非物质文化遗产代表性项目10万余项，认定各级代表性传承人9万多人，一大批珍贵、濒危和具有重大价值的非物质文化遗产得到有效保护。我国民族众多、地域广阔、文化资源丰富，五十六个民族不断交往交融，充分发挥人民的聪明智慧，总结出了一整套人类与大自然和谐相处的经验，创造出了许多惠泽后世的非物质文化遗产，为全人类贡献了一笔宝贵的精神财富。

延伸阅读

文化遗产日

国务院2005年12月22日下发的《关于加强文化遗产保护的通知》中指出：

“为了进一步加强我国文化遗产保护，继承和弘扬中华民族优秀传统文化，推动社会主义先进文化建设，国务院决定从 2006 年起，每年 6 月的第二个星期六为我国的‘文化遗产日’。”

第三节　非物质文化遗产保护的学理和法理基础

根据 1972 年联合国教科文组织通过的《保护世界文化和自然遗产公约》的规定，从历史、艺术、科学、审美、人种学或人类学角度考虑，文化遗产包括具有突出的普遍价值的古迹、建筑群和遗址等。2001 年联合国教科文组织颁布了《世界文化多样性宣言》。2003 年联合国教科文组织通过的《保护非物质文化遗产公约》提出，非物质文化遗产世代相传，在各社区和群体适应周围环境以及与自然和历史的互动中，被不断地再创造，为这些社区和群体提供认同感和持续感，从而增强对文化多样性和人类创造力的尊重。

中国作为《保护非物质文化遗产公约》的缔约国，在遵守公约要求的基础上，将其原则和规范转化为国内法。我国《非物质文化遗产法》第 1 条规定：“为了继承和弘扬中华民族优秀传统文化，促进社会主义精神文明建设，加强非物质文化遗产保护、保存工作，制定本法。”

在非物质文化遗产的保护中，不管是联合国教科文组织的《保护非物质文化遗产公约》，还是中国的《非物质文化遗产法》，所体现出来的以追求文化多样性为目的的立法宗旨，都与《保护世界文化和自然遗产公约》及《世界文化多样性宣言》一脉相承，其根本目的在于表达对文化多样性和人类创造力的尊重。尊重、维护世界文化多样性是保护非物质文化遗产的学理和法理基础。

一、文化多样性

世界上每个民族、每个国家都有自己独特的文化，民族文化是民族身份的重要标志。通过民族节日和文化遗产，人们能够深切感受到世界文化的多姿多彩。

在 2005 年 10 月联合国教科文组织第 33 届大会上通过的《保护和促进文化表现形式多样性公约》中，文化多样性被定义为：各群体和社会借以表现其文化的多种不同形式。文化多样性不仅体现在表达、传承文化遗产的多种方式上，也体现在艺术创造、生产、传播、销售和消费的多种方式上。文化多样性是人类社会的基本特征，也是人类文明进步的重要动力。尊重文化多样性既有利于保持各民族文化差异，维护其平等竞争的权利，又有利于维护各民族文化互动交流、自由创造的权利。它是发展本民族文化的内在要求，也是实现世界文化繁荣的必然要求。

作为一种价值，尊重文化多样性是人类对各种文化自由发展、和平竞争的肯定和期待。不同文化有历史长短之分和表现形式之异，却无高低优劣之别。没有一个民族、国家、社群或个人有权利声称自己掌握了全部真理，没有一种文化可以完美回答人类社会的一切疑难问题。解决人类面临的各种问题需要全人类的共同努力，每个民族、每种文化都在人类的生活中有其位置和贡献，都有值得尊重的视野、经验、价值和智慧。在现代文化中，多样性和差异性已被认定为世界与人生的真实面貌，各种价值可能相互冲突，但冲突一方是真实的，并不意味着另一方就必然是虚假的。在人应当如何生活等基本问题上，没有普遍有效的标准，各种选择并无客观原则作为绝对依据。费孝通先生说，“各美其美，美人之美，美美与共，天下大同”，不同文化相互配合与和谐相处才是文化的理想状态。

一种文化只有与其他文化和谐共处、相互学习，才能保证自己的生存发展。从一定意义上说，一部文化史就是不同文化从孤立走向融合的过程。认同、尊重不同文化存在的合理性与合法性，既是对其他民族文化的存在权、个性表达权和演进选择权的承认与理解，也是对其他民族文化特色的包容与欣赏，这是一种文化伦理和文化修养。多样性创造着世界和人类生活的丰富性，这就是“和而不同”的文化观念所表达的意义。

我们既要认同本民族文化，又要尊重其他民族文化，相互借鉴，求同存异，尊重世界文化多样性，共同促进人类文明繁荣发展。尊重文化多样性，首先要尊重自己民族的文化，培育、发展好本民族文化。承认世界文化的多样性，尊重不同民族的文化，必须遵循各民族文化一律平等的原则。在文化交流中，要尊重差异，理解个性，和睦相处，共同促进世界文化的繁荣。

二、维护世界文化的多样性

自 1972 年联合国教科文组织制定《保护世界文化和自然遗产公约》以来，国际社会一直强调在文化遗产保护方面要坚持世界性、全人类的立场和普遍价值原则。该公约强调：“保护不论属于哪国人民的这类罕见且无法替代的财产，对全世界人民都很重要”，“考虑到某些文化遗产和自然遗产具有突出的重要性，因而需作为全人类世界遗产的一部分加以保存”。1989 年，联合国教科文组织通过的《保护民间创作建议案》强调：“民间创作是人类的共同遗产。”1998 年，联合国教科文组织通过的《宣布人类口头和非物质遗产代表作条例》强调，文化遗产

“是各国人民集体记忆的保管者，只有它能够确保文化特性永存”。2001 年，《世界文化多样性宣言》指出：“文化在不同的时代和不同的地方具有各种不同的表现形式。这种多样性的具体表现是构成人类的各群体和各社会的特性所具有的独特性和多样化。文化多样性是交流、革新和创作的源泉，对人类来讲就像生物多样性对维持生物平衡那样必不可少，从这个意义上讲，文化多样性是人类的共同遗产，应当从当代人和子孙后代的利益考虑予以承认和肯定。”2002 年联合国教科文组织发布的《伊斯坦布尔宣言》强调：“无形文化遗产的多种表现形式从主要方面体现了各民族和社会的文化特征，无形文化遗产是全人类的共同财富。”

国际社会强调非物质文化遗产保护的全人类文化观。自 20 世纪 90 年代以来，信息技术的飞速发展极大地推动了全球化的进程，缩短了时空距离，地球作为一个大社区，已经成为一个由无形的网络连接起来的信息社会，而信息社会的同一性必然导致不同文化为全人类所共享，在这个基础上人们形成了文化共生共享的互动理念，认识到了文化的整体性和普遍性的价值，无论是西方文化还是东方文化，无论是传统文化还是现代文化，都是人类文化的构成部分。在今天，不论是在当代社会发展中出现的现代文化，还是传统的民族民间文化、非物质文化、土著文化，都可以成为所有地域、所有人民共同的文化资源。处于“地球村”时代的我们，应该建立“人类文化”的意识，淡化文化接受过程中的异己感。国际社会也在倡导文化多样性、文化遗产保护理念，强调文化的全人类性和世界性，强调任何文化都应被视为现存人类的共同财富，每个人、每个民族都有权利获取它、享受它。

国际社会在强调非物质文化遗产保护的全人类文化观时还突出了文化生态法则。非物质文化遗产保护中的文化生态法则以生态科学观、生态哲学观、生态伦理观为基础，重构人与自然、文化的关系，确定了非物质文化遗产的自然法则和自然权利。《世界文化多样性宣言》指出，文化多样性对人类来讲就像生物多样性对维护生物平衡那样必不可少。文化多样性和生物多样性之间有着必然的紧密联系。以土著人与生物多样性、文化多样性之间的关系为例，全世界约有 3.5 亿土著人，居住在 70 多个国家和地区。据世界自然基金会统计，地球近 20% 的地表面积和 85% 的保护区由土著人居住着。有一半土著人居住在热带雨林中，而地球 80% 的物种生长于热带雨林。在世界 6 000 多种文化中，大概有 4 500 种是土著文化。根据世界自然基金会的研究，世界所有语言中有 60% 的语言集中在 9 个国家，而这 9 个国家中有 6 个国家是生物多样性中心[①]。时任联合国教科文组织总干事费德里科·马约尔（Federico Mayor）在 1997 年 11 月联合国教科文组织第 29 届大会上指出：“人类的身体健康离不开保护生物多元化，同样，人类的精神健康也离不开保护文化——语言、意识形态和艺术的多元化。”

① 王文章. 非物质文化遗产概论. 修订版. 北京：教育科学出版社，2013：117.

保护非物质文化遗产对于文化自身的存在和发展同样具有重要意义，它有利于我们树立全人类文化观和生态法则文化观，有利于维持文化多样性和保护文化传统。重视非物质文化遗产的保护和传承，发挥其历史文化价值，突显其文化多样性的资源和作用，对保护文化的多样性、促进文化的多元化和民族化具有十分重要的意义。

三、保护我国传统文化的多样性

丰富多彩的非物质文化遗产是我国传统文化多样性的生动体现。保护非物质文化遗产的核心内容就是保护传统文化，保护文化多样性。

在现代化进程中，我们的传统文化和文化多样性面临着危机。有专家在“人类口头与非物质文化遗产丛书”总序中指出：“现代化进程的加快发展，在世界范围内引起了各国传统文化不同程度的损毁和加速消失，这会像许多物种灭绝影响自然生态环境一样影响文化生态的平衡，而且还将束缚人类思想的创造性，制约经济的可持续发展及社会的全面进步。”这概括地揭示了传统文化和文化多样性所面临的危机。

联合国教科文组织在《伊斯坦布尔宣言》中强调：“主要因冲突、不宽容、极端重商主义、无控的城市化和乡村的衰败等原因，无形文化遗产正面临着消亡或边缘化的危险。”人们普遍认识到，导致传统文化和文化多样性危机的原因是多方面的。一是社会历史原因，在全球化、信息化、商业化经济社会环境下，一些传统文化或部族、土著、社区文化因所赖以生存的社会结构、形态、功能和性质发生了很大的变化而逐渐走向消亡。二是外来文化的影响，这在全球化进程中表现得尤为明显。由于传统文化和现代文化力量对比悬殊，不同文化之间往往是一种单向交流，弱势文化虽然可以接受强势文化的合理影响，但现实社会的发展不可能给一个文明几百年甚至上千年的时间来接受这种影响并调整自己的文明，因此在不同文化之间互相影响发生作用形成新文化之前，传统文化就已经在加速消失了。三是传统文化自身的原因，如某些非物质文化遗产通过家族亲缘关系传承或师徒关系传承，这种特殊性加剧了传统文化的生存危机。

在我国，传统文化面临的这种整体性危机必须引起我们的高度警觉和重视。我们今天所进行的非物质文化遗产保护事业，实质是在延续我们祖先的创造力，它将帮助我们更加有效、从容地应对在发展中遇到的各种困难和问题。相信通过保护工作的开展，一定会扭转许多珍贵的非物质文化遗产项目衰亡的态势。

中国传统木结构建筑营造技艺

我国2011年颁布的《非物质文化遗产法》是一个崭新的里程碑，标志着我国将非物质文化遗产保护工作纳入了国家发展战略。保护非物质文化遗产对于实现经济、文化全面协调和可持续发展具有重要意义，它将进一步推进我国经济、政治、社会、文化及自然协调发展，促进社会全面进步和人的全面发展，促进我国社会主义现代化建设。

第四节　非物质文化遗产的分类

按照联合国教科文组织的划分方法，世界遗产共分为五大类别：文化遗产、自然遗产、文化与自然双重遗产、文化景观遗产、人类非物质文化遗产。虽然文化遗产又被分为物质文化遗产与非物质文化遗产，但是鉴于人类非物质文化遗产的特殊性，同时为了更好地保护人类非物质文化遗产，一般把它单独作为一大类别。

我国充分考虑实际情况，以联合国教科文组织的《保护非物质文化遗产公约》为原理指导，对我国非物质文化遗产进行了分类，共分为十大类。本节对联合国教科文组织的《保护非物质文化遗产公约》分类和我国非物质文化遗产分类进行分别说明。

一、联合国教科文组织的《保护非物质文化遗产公约》分类

（一）《保护非物质文化遗产公约》公布之前的分类

1.《保护民间创作建议案》的分类

1989年，联合国教科文组织通过了《保护民间创作建议案》，其对民间创作（民间传统文化）定义如下：来自某一文化社区的全部创作，这些创作以传统为依据，由某一群体或一些个体所表达并被认为是符合社区期望的作为其文化和社会特性的表达形式；其准则和价值通过模仿或其他方式口头相传。它的形式包括：语言、文学、音乐、舞蹈、游戏、神话、礼仪、习惯、手工艺、建筑术及其他艺术。

2.《宣布人类口头和非物质遗产代表作条例》的分类

1998年，联合国教科文组织执委会第155次会议通过了《宣布人类口头和非物质遗产代表作条例》。该文件复述了1989年《保护民间创作建议案》中对民间创作的界定和分类，但将“民间创作”这一称谓修改为“口头和非物质遗产”，将其划分为两大类，即各种传统文化表现形式和文化空间（亦称“文化场所”），并对它所包含的表现形式的种类做了补充。具体划分见表1-1。

表1-1 《宣布人类口头和非物质遗产代表作条例》对“口头和非物质遗产”的划分

<table>
<tr><td rowspan="12">口头和非物质遗产</td><td rowspan="11">各种传统文化表现形式</td><td>语言</td></tr>
<tr><td>文学</td></tr>
<tr><td>音乐</td></tr>
<tr><td>舞蹈</td></tr>
<tr><td>游戏</td></tr>
<tr><td>神话</td></tr>
<tr><td>礼仪</td></tr>
<tr><td>习惯</td></tr>
<tr><td>手工艺</td></tr>
<tr><td>建筑术及其他艺术</td></tr>
<tr><td>传播与信息的传统形式</td></tr>
<tr><td>文化空间</td><td>定期举行传统文化活动或集中展现传统文化表现形式的场所</td></tr>
</table>

（二）《保护非物质文化遗产公约》的分类

2003年联合国教科文组织通过了《保护非物质文化遗产公约》，它总结和概

括了前面的有关民间传统文化与口头和非物质遗产的研究成果，提出了“非物质文化遗产”的定义，并对“非物质文化遗产”进行了新的分类。该公约将非物质文化遗产划分为五大类：（1）口头传统和表现形式，包括作为非物质文化遗产媒介的语言；（2）表演艺术；（3）社会实践、仪式、节庆活动；（4）有关自然界和宇宙的知识和实践；（5）传统手工艺。具体分类见表1－2。

表1－2 《保护非物质文化遗产公约》对非物质文化遗产的分类

非物质文化遗产	口头传统和表现形式，包括作为非物质文化遗产媒介的语言
	表演艺术
	社会实践、仪式、节庆活动
	有关自然界和宇宙的知识和实践
	传统手工艺

联合国教科文组织的《保护非物质文化遗产公约》对“非物质文化遗产”的定义中还提到“文化空间”，联合国教科文组织专家认为，文化空间是指“传统的或民间的文化表达形式规律性地进行的地方或一系列地方”。国务院办公厅《关于加强我国非物质文化遗产保护工作的意见》中指出，文化空间，即定期举行传统文化活动或集中展现传统文化表现形式的场所，兼具空间性和时间性。如北京天桥市场就是一个独特的文化空间。随着人们对非物质文化遗产的认识不断深入，分类还会进一步细化，文化空间将会成为一个独立的类别。

非物质文化遗产的分类

1. 口头传统和表现形式，包括作为非物质文化遗产媒介的语言

口头传统和表现形式指各种口头表述，包括对群体有意义的诗歌、史诗、神话、民间传说及其他形式的口头表述，也包括作为以上形式载体的语言，如侗族大歌、花儿等。

延伸阅读

花　儿

“花儿”是广泛流行于我国青海、甘肃、宁夏、新疆、西藏等西部省区的民歌，被誉为“大西北之魂”。2006年，“花儿”列入第一批国家级非物质文化遗产名录，2009年入选联合国教科文组织人类非物质文化遗产代表作名录。

“花儿”是学术界的一种称谓，当地人称其为“漫花儿”，准确地说叫“漫花”，由于当地发音多带“儿”音，所以外地人听起来就是“漫花儿”了。“花儿”的主要特点在于“漫”，与人们常说的“漫谈”有异曲同工之妙。到了“花儿会”这天，青年男女就会背上干粮，到附近的山中去“漫花儿”，类似其他地方的赶庙会或踏青。他们以歌会友，或单独唱，或一问一答，互相对唱，不拘泥于任何形式，非常自由而“散漫”，所以叫作“漫花儿”。

学术界的“花儿”又名“少年”，因歌词中将青年女子比喻为花儿而得名。“花儿”唱词浩繁，文学艺术价值很高。作为“花儿”的发祥地和最主要的传唱地，甘肃省临夏回族自治州和岷县被中国民间文艺家协会授予“中国花儿之乡”称号。

“花儿”音乐高亢、悠长、爽朗，民族风格和地方特色鲜明，不仅有绚丽多彩的音乐形象，而且有丰富的文学内容，反映人民群众的生活、爱情、时政、劳动等，多用比、兴、赋的艺术手法即兴演出，语言朴实鲜明，比兴借喻优美。在漫长的历史长河中，“花儿”以爱情为主线，广泛地展现着各个时期的社会生活，多侧面地反映了人民群众的思想感情和美好愿望，不仅在艺术上达到了较高的表现水平，也具有深刻的思想性和珍贵的史料性。

甘肃花儿会

“花儿”按其基本内容可分为情歌、生活歌和本子歌。情歌是“花儿”的主体，是“花儿”中最动人、最精彩的部分，集中了历代人民群众的智慧，有着多方面的价值。下面请欣赏几则“情歌”片段：

[1] 红嘴鸦落的了一（呀）河滩，
咕噜雁落在了草滩；
拔草的尕妹妹坐（耶）塄坎，
活像似才开的牡丹。
[2] 天上的月亮们出来（呀）了，
星宿的光气（哈）压了；

尕妹妹的模样们长全的了，
皇上的正宫（哈）压了。
[3] 羊羔们吃草者转花（了）崖，
雾拉者山根里过来；
尕妹是人间的人（啊）不是，
天仙女落凡者下来。
[4] 太子山根里（嘛）扎筏（了）子，
鞭麻梢绾下的蔞子；
阿哥是人里的条梢（耶）子，
好似像天上的鷂子。
[5] 白银丝鞍子的梅花（呀）镫，
高丽铜包下的臭棍；
红麦子碱色的大（啊）眼睛，
风吹者大身材摆动。
[6] 脸如（嘛）银盆的手（呀）如雪，
黑头发赛丝（呀）线哩，
嘴是（嘛）樱桃者一点（了）血，
尕妹是才开的牡丹。

2. 表演艺术

表演艺术包含音乐、戏曲、舞蹈、曲艺、杂技等。我国的传统戏剧、傩戏、木偶戏、哑剧、音乐、舞蹈、曲艺、杂技、皮影等表现形式都是我国表演艺术中的精品。每种艺术形式又有不同的流派和风格，千姿百态，共同构成了一座绚丽夺目的艺术大宝库。如蒙古族长调民歌、中国皮影戏。

延伸阅读

蒙古族长调民歌

蒙古族长调民歌是一种具有鲜明游牧文化和地域文化特征的独特演唱形式，它以草原人特有的语言述说着蒙古族人民对历史文化、人文习俗、道德、哲学和艺术的感悟。相对短歌而言，长调民歌除指曲调悠长外，还有历史久远之意。据考证，在蒙古族形成时期长调民歌就已存在，距今已有上千年的历史。蒙古族人民的生存环境地广人稀，加之游牧的独特生活方式，使他们对爱有着自己的思考，对爱的表达也有着独特的方式，长调民歌即是在这种爱的原动力作用之下产生与发展的。因此，长调民歌中无时无刻不体现着这种爱的本质与内涵。长调产生于蒙古族生产方式由以猎为主转为以牧为主的过程中，同时人对待自然的态度由以夺为主转为以养为主，因此可以说长调是人与自然和谐共存的产物。

长调在蒙古语中称“乌日图道”，意即长歌，被称为“草原音乐的活化石”。它的特点是字少腔长、高亢悠远、舒缓自由，宜于叙事，又长于抒情；歌词一般为上、下各两句，内容绝大多数是描写草原、骏马、骆驼、牛羊、蓝天、白云、江河、湖泊等。长调旋律悠长舒缓、意境开阔、声多词少、气息绵长，旋律极富装饰性，尤以“诺古拉”（蒙古语音译，意为波折音或装饰音）演唱方式所形成的华彩唱法最具特色。

蒙古族长调民歌文艺表演

2005 年 11 月，中国、蒙古国联合申报的“蒙古族长调民歌”入选联合国教科文组织通过的第三批人类口头和非物质遗产代表作。

倾心听一曲长调牧歌，犹如站在苍茫草原上向大自然倾诉内心世界。这种艺术境界，被诸多音乐学家、歌唱家称为“天籁与心籁的完美统一”，而美学家则称为“人和大自然高度自由完美的统一”。长调牧歌的典范之作《辽阔的草原》，音乐语言、曲式结构简洁精练，全曲只有上下两个对偶乐句，但却热情奔放，达到了形象和意境、人和自然的完美统一，充满了辽阔、豪放的阳刚之美，显示出蒙古族长调民歌高度的美学价值。

3. 社会实践、仪式、节庆活动

社会实践、仪式、节庆活动包括重要的节庆、游戏、游艺、运动和重要集会等活动，具体来说包括：原始的打猎、捕鱼和收获等活动，日常生活中有意义的居住、饮食习俗，人生历程仪式、亲族关系及其仪式、确定身份的仪式、季节仪式、宗教仪式，等等。如清明节、妈祖信俗。

延伸阅读

清明节

清明节又叫踏青节，是中国传统节日，也是重要的祭祀节日之一，扫墓祭祖、踏青郊游是其基本主题。

清明节是中国重要的“时年八节”（上元、清明、立夏、端午、中元、中秋、冬至、除夕）之一，一般在仲春与暮春之交，节期很长。清明节原是指春分后十五天，1935 年中华民国政府明定 4 月 5 日为国定假日清明节，也叫作民族扫墓节。

《岁时百问》中说：“万物生长此时，皆清净明洁，故谓之清明。”这时，冬天已去，春意盎然，天气晴朗，田野明净，大自然处处显示出勃勃生机，用“清明”一词来形容最恰当不过。

《清明小景》（丰子恺）

清明对于古代农业生产而言是一个重要的节气，到了清明，气温变暖，降雨增多，正是春耕春种的大好时节，农谚说“清明前后，点瓜种豆”“植树造林，莫过清明”。清明节气在时间、天气和物候特点上为清明节俗的形成提供了重要条件，该节气被看作清明节的源流之一。2006年5月20日，清明节经国务院批准列入第一批国家级非物质文化遗产名录。

4. 有关自然界和宇宙的知识和实践

有关自然界和宇宙的知识和实践包括：时空观念、宇宙观，对宇宙和宗教的信仰，图腾崇拜，计数和算数的方法，历法纪年知识，关于天文与气象的知识和语言，关于海洋、火山的知识与对策，农耕活动和知识，关于植物的知识，等等。如传统医药、针灸等。

延伸阅读

二十四节气

二十四节气起源于黄河流域，远在春秋时期，中国古代先贤就定出了仲春、仲夏、仲秋和仲冬等四个节气，以后不断地改进和完善，到秦汉年间，二十四节气已完全确立。公元前104年，由邓平等编制的《太初历》正式把二十四节气定于历法中，明确了二十四节气的天文位置。二十四节气是我国劳动人民独创的文化遗产，它能反映季节的变化，指导农事活动，影响着千家万户的衣食住行。

太阳从黄经零度起，沿黄经每运行15度所经历的时日称为“一个节气”。每年运行360度，共经历24个节气，每月2个。其中，每月第一个节气为“节气”，它们是立春、惊蛰、清明、立夏、芒种、小暑、立秋、白露、寒露、立冬、大雪、小寒；每月的第二个节气为“中气”，它们是雨水、春分、谷雨、小满、夏至、大暑、处暑、秋分、霜降、小雪、冬至、大寒。“节气”和“中气”交替出现，各历时15天，现在人们已经把“节气”和“中气”统称为“节气”。

二十四节气反映了太阳的周年运动，所以它在现行的公历中日期基本固定，上半年一般在6日、21日，下半年一般在8日、23日，前后相差1～2天。

二十四节气为中国大众所普遍接受，日常生活中随处可见二十四节气的影响，一些节气和民间文化相结合，已经成为人们的固定节日。最著名的清明、立春、立夏、冬至都融入了节日的氛围，夏至、暑伏（夏至三庚数头伏）也与日常生活紧密相连，以致民间有“冬至饺子夏至面”“头伏饺子二伏面，三伏烙饼摊鸡蛋”“冬练三九，夏练三伏”的说法。同时，这些节令往往还伴有丰富多彩的民俗

《二十四节气图》(部分，吴冠英)

活动。二十四节气这一非物质文化遗产内容十分丰富，其中既包括相关的谚语、歌谣、传说等，又有传统生产工具、生活器具以及工艺品、书画等艺术作品，还包括与节令关系密切的节日文化、生产仪式和民间风俗。二十四节气是中国古代农业文明的具体表现，具有很高的农业历史文化研究价值，2016 年入选联合国教科文组织人类非物质文化遗产代表作名录。

资料来源：中国非物质文化遗产数字博物馆官网.

5. 传统手工艺

传统手工艺包括：传统民间建筑理论和实践，传统冶炼等传统工艺技术知识和实践，医药知识和治疗方法，书法与传统绘画，保健与体育知识，畜牧产品、水产品、果实的处理方法，食品的制作和保存方法，烹饪技艺，传统工艺美术生产、雕刻技术，包含设计、染色、纺织等环节在内的纺织技艺，丝织技术，包含文身、穿孔、彩绘在内的人体传统绘饰技艺和服饰装扮，等等。如中国剪纸、宣纸传统制作技艺等。

延伸阅读

宣纸传统制作技艺

造纸术为中国古代四大发明之一，宣纸是传统手工纸品最杰出的代表，居文房四宝之首，迄今已有一千五百多年的历史。

宣纸产地在安徽泾县的小岭一带，这里气候温和，雨量充沛，特殊的喀斯特山地适合青檀树的生长，冲积平原则适宜长秆水稻的生长，青檀树和水稻秆均为宣纸制造提供了优质的原料。泾县境内有多条河流，尤其是乌溪上游的两条支流，从水质上来说，一条属淡碱性，适合原料加工；另一条属淡酸性，适合成纸用水。泾县宣纸以青檀皮为主料，按比例配入沙田稻草浆，整个生产过程由一百四十多道工序组成。

宣纸质地纯白细密，纹理清晰，绵软坚韧，百折不损，光而不滑，吸水润墨，宜书宜画，防腐防蛀，故有“纸寿千年”“纸中之王”的美称。宣纸的手工制作和纸质特点体现了传统造纸技艺的长处，这一技艺至今尚不能用机制代替。

自唐代以来，宣纸一直为中国人民所喜爱，其生产至清代臻于鼎盛，出现了汪六吉、汪同和等著名品牌，在国内外屡得大奖。现中国宣纸集团公司所制红星牌宣纸商标为中国驰名商标，由技术监督部门授予原产地保护品牌，远销日本等国。2009 年，宣纸传统制作技艺入选联合国教科文组织人类非物质文化遗产代表作名录。

宣纸传统制作技艺

资料来源：周和平．第一批国家级非物质文化遗产名录图典：下．北京：文化艺术出版社，2007.

二、我国非物质文化遗产的分类

(一) 我国非物质文化遗产名录的分类

2006 年 5 月 20 日，国务院公布了第一批国家级非物质文化遗产名录，共计 518 项。该名录将我国非物质文化遗产划分为 10 类：(1) 民间文学；(2) 民间音乐；(3) 民间舞蹈；(4) 传统戏剧；(5) 曲艺；(6) 杂技与竞技；(7) 民间美术；(8) 传统手工技艺；(9) 传统医药；(10) 民俗。

2008 年，国务院公布了第二批国家级非物质文化遗产名录，共 510 项。第二批非物质文化遗产名录基本沿用了第一批非物质文化遗产名录所制定的分类法，只是将第一批非物质文化遗产名录中的“民间音乐”“民间舞蹈”“民间美术”分别修改为“传统音乐”“传统舞蹈”“传统美术”；将第一批非物质文化遗产名录中的“杂技与竞技”和“传统手工技艺”分别修改为“传统体育、游艺与杂技”和“传统技艺”。自此，形成了我国非物质文化遗产名录的分类体系，见表 1－3。

表 1－3　我国非物质文化遗产名录的分类体系

非物质文化遗产	民间文学
	传统音乐
	传统舞蹈
	传统戏剧
	曲艺
	传统体育、游艺与杂技
	传统美术
	传统技艺
	传统医药
	民俗

（二）我国与联合国教科文组织非物质文化遗产分类的对应关系

联合国教科文组织的《保护非物质文化遗产公约》对非物质文化遗产的定义及分类体系，是立足于世界范围内保护非物质文化遗产的需要，适用于各国、各地区、各民族的一般的、普遍的分类方法。我国非物质文化遗产分类是以《保护非物质文化遗产公约》为指导，充分考虑我国非物质文化遗产及其保护传承的实际情况制定的具有中国特色的分类方法和分类体系。我国非物质文化遗产分类体系与联合国教科文组织的《保护非物质文化遗产公约》分类体系所涵盖的范围大体是一致的，两者的对应关系见表 1－4。这里需要说明的是，两种分类各自产生的语境不同，适用的对象也不尽相同，对此不能简单机械地归纳。

表 1－4　我国与联合国教科文组织非物质文化遗产分类的对应关系

我国非物质文化遗产分类	联合国教科文组织《保护非物质文化遗产公约》分类
民间文学（如刘三姐歌谣、梁祝传说）	口头传统和表现形式，包括作为非物质文化遗产媒介的语言
1. 传统音乐（如蒙古族长调民歌、陕北民歌） 2. 传统舞蹈（如京西太平鼓、朝鲜族农乐舞） 3. 传统戏剧（如京剧、川剧） 4. 曲艺（如京韵大鼓、苏州评弹） 5. 传统体育、游艺与杂技（如吴桥杂技、武当武术）	表演艺术
1. 传统美术（如凤翔泥塑、杨柳青木版年画） 2. 传统技艺（如景泰蓝制作技艺、景德镇手工制瓷技艺）	传统手工艺
传统医药（如针灸、同仁堂中医药文化）	有关自然界和宇宙的知识和实践
民俗（如春节、端午节）	社会实践、仪式、节庆活动

延伸阅读

国家级非物质文化遗产代表作评审标准

国家级非物质文化遗产代表作的申报项目，应是具有杰出价值的民间传统文化表现形式或文化空间；或在非物质文化遗产中具有典型意义；或在历史、艺术、民族学、民俗学、社会学、人类学、语言学及文学等方面具有重要价值。具体评审标准如下：

（1）具有展现中华民族文化创造力的杰出价值；

（2）扎根于相关社区的文化传统，世代相传，具有鲜明的地方特色；

（3）具有促进中华民族文化认同、增强社会凝聚力、增进民族团结和社会稳定的作用，是文化交流的重要纽带；

（4）出色地运用传统工艺和技能，体现出高超的水平；

（5）具有见证中华民族活的文化传统的独特价值；

（6）对维系中华民族的文化传承具有重要意义，同时因社会变革或缺乏保护措施而面临消失的危险。

资料来源：国务院办公厅《关于加强我国非物质文化遗产保护工作的意见》(国办发〔2005〕18号) 附件《国家级非物质文化遗产代表作申报评定暂行办法》.

思考与练习

1. 简述你知道的我国的非物质文化遗产（不少于5种）。

2. 结合实例谈谈非物质文化遗产的时代价值。

3. “微论文”写作：以“我身边的非遗”为题写一篇微论文。发现身边的非遗项目或元素，分析其文化内涵，认知其传承应用。字数为300～500字。

建议：学习者就近参观非遗基地、非遗博物馆，网上浏览非遗展览展示、虚拟非遗博物馆，实地考察传统文化产品生产和时尚文化创意商品市场、文化集聚地等，从中发现、认识非遗项目或非遗元素。可通过用照相机、手机拍摄，或手绘，或购买有代表性的纪念品、收藏品等方式，记录考察中的所见所闻。

提示：

“微论文”的主要构成：论点（提出问题）；论证和论据（分析问题）；方法（解决问题）；结论。

具体要求：

（1）主题鲜明：从题目能看出你的主题是什么；

（2）观点切题：根据主题描述你对问题的看法；

（3）逻辑清晰：按照内容的主次和关联分为几个小标题、几个段落，有条理地表达；

（4）论据求实：用具体事物或数据作为陈述的依据，最好图文并茂地表达你的认识和感受；

（5）结论精练：紧扣主题，通过概括提炼，总结性地描述你的结论。

第二章　民间文学

学习目标

知识目标

1. 掌握民间文学的特征和价值。

2. 理解我国四大民间传说和三大史诗的渊源和文化价值。

技能目标

1. 善于发掘民间文学哺育生活、哺育当代艺术创作的时代价值。

2. 能用精语言讲述我国四大民间传说及其主题思想。

素质目标

培养追求自由、平等、正义的高尚情操和勤劳、勇敢、智慧的高尚品格。

民间文学又称口头文学，是通过口耳相传的方式产生并流传于民间的口头文学创作。我国民间文学蕴藏量极其丰富，在题材和思想上为当今艺术创作提供了丰富而宝贵的源泉和养分。本章以中国流传久远、影响广泛的四大民间传说和三大史诗为例来介绍民间文学的特征和价值。

第一节　民间文学概述

民间文学概述

一、民间文学的特征

民间文学是指我国人民群众口头创作、口头流传，并不断地进行集体修改、加工的文学，包括神话、传说、民间故事、歌谣、史诗、长诗、谚语、谜语等，这些来自民间的文学艺术形式丰富着我们的精神生活。

入选第一批国家级非物质文化遗产名录的民间文学项目共 31 项。其中包括：具有世界影响的中国少数民族三大史诗——藏族的《格萨（斯）尔》、蒙古族的《江格尔》和柯尔克孜族的《玛纳斯》；壮族的刘三姐歌谣、彝族的长篇叙事诗《阿诗玛》等少数民族著名的口头文学经典；汉族流传久远的著名传说，如白蛇传传说、梁祝传说、孟姜女传说、西施传说、济公传说等；耿村民间故事、青林寺谜语等至今仍在民间鲜活流传、散发着乡土气息的民间文学形态；等等。入选第二批国家级非物质文化遗产名录的民间文学项目共 53 项，包括牛郎织女传说、徐福东渡传说、杨家将传说等。到目前为止，入选了五批国家级非物质文化遗产名录①的民间文学项目共 167 项。

民间文学是民众在文化生活中传播、共享的口头传统和语词艺术，具有口头性、集体性、变异性、传承性等特征。

（一）口头性

由于在过去漫长的历史时期中，广大民众不便使用文字，因此他们的文学创

① 前三批名录名称为“国家级非物质文化遗产名录”，《非物质文化遗产法》实施后，自第四批名录起其名称改为“国家级非物质文化遗产代表性项目名录”，本书中统称时仍称“国家级非物质文化遗产名录”。

作一般只能用口头语言，包括用土语方言去构思、表现和传播。千百年来，民间文学依靠口头语言创作和传播，以广大人民群众熟悉的故事、歌谣等文学形式流传至今，形成了鲜明的口头性特征。

（二）集体性

民间文学的集体性表现在其创作和流传过程中。有些作品自始至终就是集体创作的；更多的作品则是在它们已经成型后，在不断传唱或讲述的过程中，得到了无数唱述者的再加工，渗透了他们的思想、感情和想象，以及听众所反馈的意见和情趣。所以，民间文学作品一般是无法署名的。有些民间文学作品是群众中具有特殊优秀才能和丰富经验的歌唱者、说故事者创作和加工的结果，具有一定的个性。但是，由于创作者的生活经历和文艺教养等大体相同或相近，因此其作品个性是能够与广大群众口头创作的集体性融合在一起的。

（三）变异性

变异性与上文所述的口头性、集体性密切相关。民间文学作品的结构、形式、主题等在长期的口头流传中有相对稳定的一面。但由于口头语言的不稳定性，作品在流传和具体的讲唱过程中，常常因时间、地域、民族的不同，以及传播者的主观思想感情和听众的情绪变化等因素而有所变异。这种变异在作品语言、情节、结构、人物甚至主题等方面都会发生。特别是在社会发生大变动时，群众往往对传统作品加以改编来表现新的生活面貌和思想感情。民间文学的变异性蕴含着历史背景、社会现象和传述者的思想因素，对于研究者来说具有积极的意义。

（四）传承性

过去，人民群众由于社会地位较低，很难使用文字等工具去记录、保存他们所获得的知识、经验和所创造的各种文化，一般都靠行动、语言传播来传承。这种由群众集体传承的文化具有强大的生命力。有些故事或谚语，流传了一两千年，直到今天还能够以基本相同或相似的形式“活”在人民口头上。这种靠口头世代传承下来的故事或歌谣，在形态上或内容上多少会有些变化。但它们一直被传承着，并成为我们现代活文化的一部分。

以上民间文学的四种特征不是各自孤立的，而是彼此互相关联。

二、民间文学的价值

与书面文学相比，民间文学更加贴近生活。如：民间谚语是农民、渔民、工匠等劳动者的生活经验总结，也是他们生活和劳作的指南；古老神话和传说，不但传述了一定的历史知识，还培养了民族团结的感情；许多描写地位低下者、受压迫者的反抗的故事、歌谣和小戏，都长时期地、广泛地教育着人民，培养着他们高尚的情操和品格。民间文学体现了广大劳动人民高尚的教养和品德，起着辅助人民的现实生活、哺养他们的精神活动、推进社会发展的作用。

我国民间文学蕴藏量极其丰厚，不仅以其来自民间的审美特性丰富着人们的精神生活，而且是其他非物质文化遗产如传统音乐、传统美术、曲艺、传统戏剧、民俗的重要土壤，甚至为当代艺术创作提供了丰富的源泉和养分。例如，根据梁祝传说创作的小提琴协奏曲《梁祝》已成为蜚声世界乐坛的民族音乐经典；根据刘三姐歌谣和传说创作的歌剧《刘三姐》及根据长篇叙事诗《阿诗玛》改编的电影《阿诗玛》等，深深地赢得了各族人民的喜爱；《格萨（斯）尔》是唐卡、藏戏、弹唱等传统民间艺术创作的灵感源泉，同时也是一些现代艺术形式的源头活水。

民间文学是一种综合性的艺术，也是一种重要的文化现象，是广大劳动人民创造的精神财富，它不但有自己的思想内容和艺术形式，也有它独特的表演过程和传播方式，是民族文化的重要组成部分，我们要对这种富有价值的文学形式进行科学的传承和发展，使我们的文化具有更深厚的民族意蕴。

第二节　四大民间传说

一、梁祝传说

项目名称：梁祝传说[①]

2006 年 5 月入选第一批国家级非物质文化遗产名录

类别：民间文学

申报地区或单位：浙江省宁波市、杭州市、上虞市，江苏省宜兴市，山东省济宁市，河南省汝南县

编号：Ⅰ-7

“梁祝传说”讲述的是梁山伯与祝英台之间凄婉动人的爱情故事，记录了一对

① 周和平. 第一批国家级非物质文化遗产名录图典：上. 北京：文化艺术出版社，2007.

青年男女在封建制度下未能结合含恨而终的婚姻悲剧。它与“孟姜女传说”“牛郎织女传说”“白蛇传传说”并称中国汉族四大民间传说。梁祝传说从其文学性、艺术性和思想性上来说都居各类民间传说之首，是中国最具影响力的口头传承艺术作品，被称作“东方的罗密欧与朱丽叶”，是中华文化的瑰宝。

梁山伯与祝英台两个人物，历史上是真实存在的，他们之间的爱情故事也是历史上的真实事件，有众多历史资料及文物古迹可供佐证。关于梁祝故事发生的时间，一般认为在东晋时期。至于梁祝传说发源于何处，历史上一直存有争议，比较有影响的说法有河南省汝南县（隶属于驻马店市）梁祝镇（原马乡镇）、山东省济宁市马坡镇、江苏省宜兴市、浙江省宁波市等地。其中，汝南县梁祝镇二人的墓地遗址位于古京汉官道旁，至今尚存遗迹；济宁市马坡镇有唐代武德年间（618—626年）梁祝合葬墓，明朝钦差大臣崔文奎曾奉旨重修梁祝墓，并立墓碑“梁山伯祝英台之墓”，墓碑于2003年出土，引起国内外专家学者及新闻媒体的极大关注。此外，全国其他地方也有梁祝墓地遗迹存留。

千百年来，梁祝传说以提倡求知、崇尚爱情、歌颂生命的鲜明主题深深打动着人们的心灵，以曲折动人的情节、鲜明的人物性格、奇巧的故事结构而受到民众的广泛喜爱。

越剧《梁祝·十八相送》剧照

在梁祝传说流传的过程中，各地人民不断丰富发展传说的内容，兴建了众多以梁祝传说为主题的庙宇、公园等建筑。人们还用丰富多彩的文艺样式来表现这个美丽动人的故事，有戏曲剧种 30 余种、曲艺 20 余种、歌谣百余首，以及多种影视音乐作品，包括越剧《梁祝》、小提琴协奏曲《梁祝》、钢琴协奏曲《梁祝》、电影《梁山伯与祝英台》、动画片《梁山伯与祝英台》等，加上由此而形成的求学、婚恋的独特风尚，构成了庞大的梁祝文化系统。

梁祝传说

延伸阅读

著名的小提琴协奏曲《梁祝》是上海音乐学院的陈钢、何占豪于 1958 年创作的，原先没有歌词，后经著名词人阎肃填词，形成了脍炙人口的歌曲《化蝶》。

《梁祝》谱例（片段）

歌曲《化蝶》

碧草青青花盛开，彩蝶双双久徘徊。
千古传颂生生爱，山伯永恋祝英台。
同窗共读整三载，促膝并肩两无猜。
十八相送情切切，谁知一别在楼台。
楼台一别恨如海，泪染双翅身化彩蝶，翩翩花丛来。
历尽磨难真情在，天长地久不分开。

动画片《梁山伯与祝英台》剧照

荆南竹枝词·咏梁祝

［清］史承豫

读书人去剩荒台，
岁岁春风长野苔。
山上桃花红似火，
一双蝴蝶又飞来。

二、白蛇传传说

项目名称：白蛇传传说[①]
2006 年 5 月入选第一批国家级非物质文化遗产名录
类别：民间文学
申报地区或单位：江苏省镇江市、浙江省杭州市
编号：Ⅰ-6

“白蛇传”又名“白娘子传奇”“雷峰塔传奇”等，讲述了修行千年的白蛇化

① 周和平. 第一批国家级非物质文化遗产名录图典：上. 北京：文化艺术出版社，2007.

身白娘子（白素贞），携青蛇小青来到杭州西湖，与药店伙计许仙相遇相恋结姻，遭到和尚法海横加干涉等一系列悲欢离合的故事。“白蛇传传说”是我国汉族民间文学中的一颗璀璨明珠，塑造了白娘子、许仙、法海和小青等生动的人物形象，表达了广大人民群众对人性解放的渴望，是中华民族宝贵的精神文化遗产。传说中保留了大量传统习俗，成为中国汉族民俗文化最为丰富的口头遗产之一。

白蛇传传说肇始于唐五代时期，基本成型于南宋，到元代已被文人编成杂剧和话本。自明清至现当代，民间的口头文学与各类民俗文艺的改编、搬演相互渗透、相互融合，使白蛇传最终成为故事、歌谣、小说、演义、话本、戏曲、弹词，以及电影、电视、动漫、舞蹈、连环画等各种文艺形式的经典题材。

陕西皮影《白蛇传》（汪天稳 刻）

白蛇传的故事起源于镇江，并以镇江为中心逐步形成了相关的“文化空间”。历代有关白蛇传的传说或话本中的一些地名如“针子桥”“五条巷”“金山寺”等都为镇江所实有。“金山寺”“白龙洞”“法海洞”等早已成为镇江独有的与“白蛇传”相关的风物遗存。

千百年来，镇江民间用各种形式展演着“白蛇传传说”。镇江各个剧场、书场都会轮番演出有关“白蛇传”的戏曲、曲艺，如民间戏曲《上金山》、清曲《水漫金山》等。每逢端午佳节，镇江有游览金山的习俗，山上的白龙洞内有白娘娘雕像，青年男女会在此处跪拜白娘娘，誓表永远恩爱；家家户户都会喝“雄黄酒”，演述与“白蛇传”有关的故事等；每家中药店门口均免费发放用中草药熬制的避暑汤药。这些与“白蛇传传说”有关的民俗事项，成为镇江文化空间的重要组成要素。

年画《白蛇传》

延伸阅读

白蛇山歌（十二月花名）

正月梅花开满林，许仙西湖去游春；
白娘娘一见中了意，小青作法起乌云。
二月杏花白如银，叫船摇到涌金门；
白娘娘上岸把伞借，许仙讨伞结成亲。
三月桃花红喷喷，白娘娘作法盗库银；
许仙拿仔元宝回家转，钱塘县破案发配苏州城。
四月蔷薇满墙红，许仙夫妻又相逢；
苏州开爿药材店，挂灯结彩满堂红。
五月石榴红盈盈，许仙游山遇道人；
茅山道士想降妖，白娘娘斗法忙逃生。
六月荷花结莲心，端阳饮酒起祸根；
白娘娘吃了三杯雄黄酒，珠纱帐里现原形。
七月凤仙结籽青，许仙唬死倒埃尘；
娘娘昆仑盗仙草，救活许仙还了魂。
八月木樨香阵阵，许仙一时起疑心；
金山寺烧香遇法海，说他娘子是妖精。

九月菊花黄似金，白娘娘金山把夫寻；
法海不肯放许仙，水漫金山动刀兵。
十月芙蓉小阳春，许仙逃回杭州城；
断桥夫妻重相会，白娘娘生下小官人。
十一月水仙盆里青，法海赶到清波门；
金钵罩住白娘娘，雷峰塔下镇残生。
十二月蜡梅报岁春，小青祭塔报仇恨；
雷峰塔倒白娘娘出，法海躲到蟹壳去藏身。
十二月花名唱完全，法海从此留骂名；
人人同情白娘娘，雷峰胜迹留美名。

“白蛇传传说”故事曲折，人物形象生动丰满，其中白娘子是中国艺术长廊中一个重要的典型形象。传说中所反映出的南宋以来不同时期的主要社会思想、人们的信仰与价值观及民族深层心理，都有重要的历史价值。“白蛇传传说”中的民风民俗内容极其丰富，对了解江南的风土人情有重要的参考价值。

三、孟姜女传说

项目名称： 孟姜女传说①

2006 年 5 月入选第一批国家级非物质文化遗产名录

类别： 民间文学

申报地区或单位： 山东省淄博市

编号： Ⅰ-8

孟姜女传说

“孟姜女传说”讲述的是秦始皇筑城苦役所造成的一场悲剧。相传秦始皇时期，劳役繁重，青年男女范喜良（又作范杞梁）、孟姜女新婚三天，新郎就被迫去修筑长城，不久因饥寒劳累而死，尸骨被埋在长城墙下。孟姜女身背寒衣，历尽艰辛，不远万里来到长城边寻夫，得到的却是丈夫已去世的噩耗。她在城下痛哭三日三夜不止，这段长城就此坍塌，露出范喜良尸骸，孟姜女于绝望之中投水而死。

“孟姜女哭长城”的故事是我国流传最广的民间传说之一，两千多年来，它口耳相传，著之典籍、被之管弦、演于戏剧，且被搬上荧幕，以多种艺术形式传播，几乎是家喻户晓、妇孺皆知。“孟姜女传说”渊源很早，从春秋战国时期始见端倪，《春秋左氏传》《礼记·檀弓》《孟子》，以及汉代《说苑》《列女传》等都有一

① 周和平. 第一批国家级非物质文化遗产名录图典：上. 北京：文化艺术出版社，2007.

些片段记载。比如《春秋左氏传》中记载，齐国将军杞梁率兵攻打莒国，不幸战死，杞梁妻（孟姜女）于郊外哭迎丈夫的灵柩。随着故事的不断流变，最终其悲剧命运与秦始皇和秦长城联系了起来。历代文人对它也多有题咏，明清以来，各地方志与碑刻的记述尤其多，并成为各地戏剧、唱本中的常见题材。

民歌《孟姜女》又名《孟姜女十二月花名》，是我国广为流传、影响极深的汉族传统民歌之一。全曲十二段词，分别用时令、花名做序引，叙述了孟姜女与丈夫生离死别的故事。民歌《孟姜女》源于江苏，它的歌词采用了“四季体”的写法，概括、简练，旋律压抑而悲伤；流传到河北以后，发生了“同体变异”，歌词以“十二月体”为基础有所变化，歌曲旋律在江苏民歌的基础上“加花”装饰，显得更加婉转、绵延不断，故事内容也更翔实而细致。从这种“同体变异”的现象中，可以明显地看出民间艺人对艺术的再加工和再创造。

《孟姜女》曲调流畅柔丽、感情深切、表现细腻，千百年来，人们用歌曲传诵着“孟姜女哭长城”这个动人的故事，倾注着对主人公深切的同情，也借以抒发受压迫者内心的悲怨。《孟姜女》曲调有不少变体，许多戏曲、曲艺音乐和民间器乐中都有由它演变而来的曲调。

孟姜女一哭惊天动地，使人们认识到了战争带给人们的苦痛，表达了古代人民对战争的厌恶之情。孟姜女的哭腔在农村广泛流传，形成了一种“哭文化”，至今淄博一带的中老年妇女在特定场合仍然以哭唱孟姜女传统曲调来抒发感情，这种哭歌风俗，成为当地百姓在特定场合抒发感情、表达哀思的一种地域性文化形式。

连环画《孟姜女哭长城》

延伸阅读

民歌《孟姜女》

正月里来是新春，家家户户点红灯，别家丈夫团团圆，孟姜女丈夫造长城。

二月里来暖洋洋，双双燕子到南阳，新窝做得端端正，对对成双在画梁。
三月里来正清明，桃红柳绿百草青，家家坟头飘白纸，孟姜女坟上冷清清。
四月里来养蚕忙，姑嫂两人去采桑，桑篮挂在桑树上，抹把眼泪采把桑。
五月里来是黄梅，黄梅发水泪满脸，家家田内稻秧插，孟姜女田中是草堆。
六月里来热难挡，蚊子飞来叮胸膛，宁可吃我千口血，不可叮我亲夫郎。
七月里来七秋凉，家家窗下做衣裳，蓝红绿白都做到，孟姜女家中是空箱。
八月里来雁门开，花雁竹下带书来，闲人只说闲人话，哪有亲人送衣来。
九月里来是重阳，重阳老酒菊花香，满满酒来我不饮，无夫饮酒不成双。
十月里来稻上场，牵笼做米成官粮，家家都有官粮积，孟姜女家中空思想。
十一月里雪花飞，孟姜女出外送寒衣，前面乌鸦来引路，范杞梁长城冷清清。
十二月里过年忙，杀猪宰羊闹盈盈，家家都有猪羊杀，孟姜女家中空荡荡。

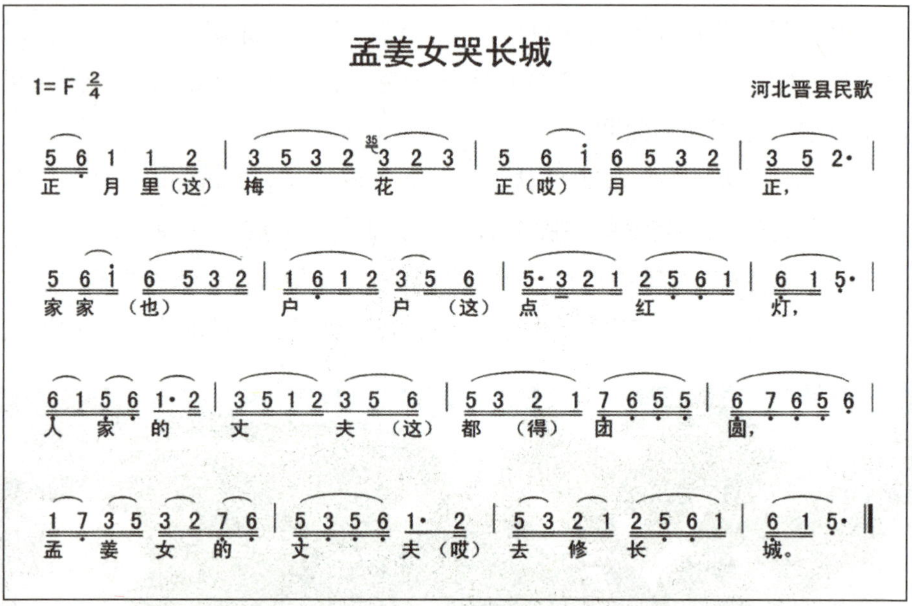

民歌《孟姜女哭长城》曲谱（片段）

四、牛郎织女传说

项目名称：牛郎织女传说①

2008年6月入选第二批国家级非物质文化遗产名录

类别：民间文学

① 中国非物质文化遗产保护中心．第二批国家级非物质文化遗产名录简介．北京：文化艺术出版社，2010.

申报地区或单位：山西省和顺县、山东省沂源县

编号：Ⅰ－36

牛郎织女传说起源于先秦时期，是我国流传最广泛的民间传说之一。千百年来，这个优美的传说一代一代传承下来，对民间的伦理道德和大众的文化心理产生了重要的影响。

牛郎织女传说最早出于《诗经·小雅·大东》，是对天穹中被银河隔开的参商二星、牛女两宿（牛郎星和织女星）的艺术想象。这一诗歌意象逐渐为后世民众拟人化，并被赋予了人文象征含义，转化成牛郎和织女的传说。从其基本内容和思想倾向来看，牛郎织女传说展示了我国农耕文明下男耕女织的社会结构和封建宗法制度下婚姻不自由的社会状况。牛郎织女的爱情悲剧得到民众的广泛同情，使该传说获得了传播和繁衍的动力，也推动了“七夕”乞巧风俗的形成。民众常常把传说中的主人公认定为自己身边的真实人物，把事件发生的地点认定为本地域，由此出现了许多相关的历史遗迹（如石婆庙、织女洞、牛郎庄等），陕西西安长安区、山东沂源、湖北孝感、山西和顺等地都有牛郎织女传说的相关遗址。

年画《牛郎织女传说》

延伸阅读

民间传说每年七月七日是牛郎织女鹊桥相会的日子。据说，牛郎是南阳城牛家庄的一个孤儿，依哥嫂过活。嫂子马氏为人刻薄，经常虐待他，他被迫分家出来，靠一头老牛自耕自食。这头老牛很通灵性，有一天，织女和诸仙女下凡游戏，在河里洗澡，老牛劝牛郎去取织女的衣服，后来织女便做了牛郎的妻子。婚后，他们男耕女织，生了一儿一女，生活十分美满幸福。不料天帝查知此事，派王母娘娘押解织女回天庭受审。老牛不忍他们妻离子散，于是折断头上的角，变成一只小船，让牛郎带着儿女乘船追赶。眼看就要追上织女了，王母娘娘忽然拔下头上的金钗，在天空划出了一条波涛滚滚的银河。牛郎无法过河，只能在河边与织女遥望对泣。他们坚贞的爱情感动了喜鹊，无数喜鹊飞来，用身体搭成一道跨越银河的桥，让牛郎织女在鹊桥上相会。王母娘娘无奈，只好允许牛郎织女每年七月七日在鹊桥上会面。

由于农历的七月七日正当雨季，因此这一天常常下雨，人们便说这是牛郎织女的眼泪。农历七月七日之夜，称“七夕”，中国民间有“乞巧”的习俗，妇女们穿针乞求智巧，并以瓜果祀织女星，故七夕又称“乞巧节”。

第三节　三大史诗①

藏族、蒙古族等民族的民间说唱体长篇英雄史诗《格萨（斯）尔》、蒙古族英雄史诗《江格尔》和柯尔克孜族传记性史诗《玛纳斯》是中国少数民族的三大英雄史诗。这三大史诗均于2006年入选我国第一批国家级非物质文化遗产名录，《格萨（斯）尔》和《玛纳斯》于2009年入选联合国教科文组织人类非物质文化遗产代表作名录。

一、《格萨（斯）尔》

项目名称：格萨（斯）尔

2006年5月入选第一批国家级非物质文化遗产名录

2009年入选联合国教科文组织人类非物质文化遗产代表作名录

① 周和平. 第一批国家级非物质文化遗产名录图典：上. 北京：文化艺术出版社，2007.

类别： 民间文学

申报地区或单位： 西藏自治区、青海省、甘肃省、四川省、云南省、内蒙古自治区、新疆维吾尔自治区、中国社会科学院《格萨（斯）尔》办公室

编号： Ⅰ-27

（一）一部活形态的伟大史诗

传唱千年的史诗《格萨（斯）尔》流传于中国青藏高原的藏、蒙古、土、裕固、纳西、普米等民族中，以口耳相传的方式讲述了格萨（斯）尔王降临下界后降妖除魔、抑强扶弱、统一各部，最后回归天国的英雄事迹，热情讴歌了正义战胜邪恶、光明战胜黑暗的斗争精神。惩恶扬善、除暴安良、消除苦难、伸张正义的主题思想，贯穿了整部史诗。这也是《格萨（斯）尔》世代相传、历久不衰的重要原因。

《格萨（斯）尔》是世界上迄今发现的演唱篇幅最长的史诗，这部为多民族共享的口头史诗是草原游牧文化的结晶，代表着古代藏族、蒙古族民间文化与口头叙事艺术的最高成就。

现存最早的《格萨（斯）尔》抄本成书于14世纪，1716年的北京木刻版《十方圣主格斯尔可汗传》是其最早的印刷本。迄今有记录的史诗说唱本有120多部，仅韵文就长达100多万诗行，而且这一活态的口头史诗仍在不断扩展。《格萨（斯）尔》是相关族群社区宗教信仰、本土知识、民间智慧、族群记忆、母语表达的主要载体，是唐卡、藏戏、弹唱等传统民间艺术创作的灵感源泉，同时也是很多现代艺术形式的创作源泉。

格萨（斯）尔王

千百年来，史诗艺人一直担任着讲述历史、传递知识、规范行为、维护社区、调节生活的角色，以史诗对民族成员进行温和教育。史诗演唱具有表达民族情感、促进社会互动、传承传统信仰的作用，也具有强化民族认同与价值观念、影响民间审美取向的功能。

在《格萨（斯）尔》的流传、演

变和发展过程中，才华出众的民间说唱艺人起着巨大作用。《格萨（斯）尔》艺人是史诗最直接的创造者、传承者和传播者，他们绝大多数文化水平不高，却具有超常的记忆力和叙事创造力，通常的史诗演唱能够达到几万行乃至几十万行。在他们身上体现着人民群众的聪明才智和创造精神，若没有他们的非凡才智和辛勤劳动，《格萨（斯）尔》这部伟大的史诗恐怕早已湮没在历史长河中。

（二）《格萨（斯）尔》的文化价值

《格萨（斯）尔》

《格萨（斯）尔》在多民族中传播，不仅是传承民族文化、凝聚民族精神的重要纽带，同时也是民族文化多样性的体现和多民族文化可持续发展的见证。此外，这部史诗还流传到了蒙古国，俄罗斯的布里亚特、卡尔梅克地区，以及喜马拉雅山以南的印度、巴基斯坦、尼泊尔、不丹等周边国家和地区，这种跨文化传播的影响力是异常罕见的。

《格萨（斯）尔》是我国多民族共享的一部伟大的英雄史诗，这部史诗在广阔的背景下，以恢宏的气势、高度的艺术技巧，反映了我国青藏高原地区各民族发展的重大历史阶段及社会基本结构形态的演变，表达了人民群众的美好愿望和崇高理想，揭示出社会历史发展的趋势，是研究古代藏族的社会历史、民族交往、民风民俗等问题的一部百科全书，同时也是一部形象化的古代藏族历史，具有很高的学术价值和美学价值。

二、《江格尔》

项目名称：江格尔

2006 年 5 月入选第一批国家级非物质文化遗产名录

类别：民间文学

申报地区或单位：新疆维吾尔自治区和布克赛尔蒙古自治县、博尔塔拉蒙古自治州、巴音郭楞蒙古自治州，新疆维吾尔自治区文联民间文艺家协会

编号：Ⅰ-26

（一）蒙古族英雄史诗

蒙古族英雄史诗传统源远流长，迄今仍保持着它特有的艺术魅力。在我国境内搜集到的蒙古族英雄史诗有上百部，《江格尔》是其中最具有代表性的优秀作品，是中国三大英雄史诗之一。《江格尔》主要流传于中国新疆维吾尔自治区阿尔泰山一带的蒙古族聚居区。学界认为《江格尔》最早产生于中国卫拉特蒙古，17

世纪随着卫拉特蒙古各部的迁徙，也流传于俄国、蒙古国的蒙古族中，成为跨国界的大史诗。

《江格尔》每一部诗章都以优美的序诗开始，序诗交代了江格尔苦难的童年，历数他在逆境中创造的丰功伟绩，赞颂江格尔和美丽富饶、幸福太平的地方——宝木巴，叙述了江格尔及其勇士们的英雄事迹。

江格尔

（二）《江格尔》的文化价值

《江格尔》热情讴歌了以江格尔汗为首的十二位勇士，歌颂了他们为保卫以阿尔泰山为中心的美丽富饶的宝木巴汗国，同来犯的各种凶残的敌人进行英勇斗争的不屈不挠的精神，充分展现了蒙古族人民爱国爱家乡、崇尚自由、崇尚英雄的民族精神，具有很高的艺术价值。

《江格尔》以其丰富的社会、历史、文化内容，以及在艺术上所达到的高度成就，在蒙古族文学史、社会发展史、思想史、文化史上都占有重要地位，是蒙古族民族文化的瑰宝。

三、《玛纳斯》

项目名称： 玛纳斯

2006 年 5 月入选第一批国家级非物质文化遗产名录

2009 年入选联合国教科文组织人类非物质文化遗产代表作名录

类别： 民间文学

申报地区或单位： 新疆维吾尔自治区克孜勒苏柯尔克孜自治州、新疆维吾尔自治区文联民间文艺家协会

编号： Ⅰ－25

（一）柯尔克孜族的英雄史诗

《玛纳斯》是柯尔克孜族的英雄史诗，我国三大英雄史诗之一。这部史诗热情

讴歌了英雄玛纳斯及其七代子孙前仆后继，率领柯尔克孜人民与外来侵略者、各种邪恶势力进行斗争的事迹，体现了柯尔克孜族人民顽强不屈的民族性格和团结一致、奋发进取的民族精神。

《玛纳斯》是一部具有世界影响的史诗。它主要流传于我国新疆南部的克孜勒苏柯尔克孜自治州及新疆北部的特克斯草原、塔城等柯尔克孜人聚集的地域；此外，中亚的吉尔吉斯斯坦、哈萨克斯坦及西亚的阿富汗北部地区也有《玛纳斯》流传。据文献记载，《玛纳斯》在16世纪已开始流传，几百年来一直口耳相传，民间歌手在史诗的创作与传承中起着重要的作用。

玛纳斯

(二)《玛纳斯》的文化价值

《玛纳斯》从古老的柯尔克孜族史诗与丰厚的柯尔克孜族民间文学中汲取营养，它包含着柯尔克孜族古老的神话及各类传说、习俗、歌谣，以及大量的民间叙事诗与民间谚语等，是展现柯尔克孜族人民生活的巨幅画卷，是认识柯尔克孜民族的百科全书。这部史诗不仅具有文学价值，而且具有语言、历史、宗教、民俗等多学科的价值。在柯尔克孜族文学史上，《玛纳斯》起着承前启后的重要作用，对后世柯尔克孜民族文学的形成与发展产生了深远的影响。

柯尔克孜族是一个历史悠久的民族， 千百年来，勤劳、智慧、勇敢的柯尔克孜族人民为缔造中华民族的光辉历史、创造丰富的物质财富和精神财富做出了伟大的贡献。《玛纳斯》是一部具有深刻人民性和思想性的典型英雄史诗，歌颂了古代柯尔克孜族人民对侵略者的反抗精神和斗争意志，是中华民族宝贵的精神财富。

相关链接

1. 民间文学入选国家级非物质文化遗产名录的标准

第一，具有重要的历史、文化、语言、学术价值；

第二，主要是通过族群、个人口传心授方式传承；

第三，当代还在一定群体中有较大范围的传承和流传；

第四，具有鲜明的传统性特点，且影响较为深远；

第五，在广泛的地区或某个族群中有着突出的文化代表性或标志性。

2. 入选第一批国家级非物质文化遗产名录的民间文学（见表 2－1）

表 2－1　入选第一批国家级非物质文化遗产名录的民间文学（31 项）

序号	编号	项目名称	申报地区或单位
1	Ⅰ－1	苗族古歌	贵州省台江县、黄平县
2	Ⅰ－2	布洛陀	广西壮族自治区田阳县
3	Ⅰ－3	遮帕麻和遮咪麻	云南省梁河县
4	Ⅰ－4	牡帕密帕	云南省思茅市
5	Ⅰ－5	刻道	贵州省施秉县
6	Ⅰ－6	白蛇传传说	江苏省镇江市 浙江省杭州市
7	Ⅰ－7	梁祝传说	浙江省宁波市、杭州市、上虞市 江苏省宜兴市 山东省济宁市 河南省汝南县
8	Ⅰ－8	孟姜女传说	山东省淄博市
9	Ⅰ－9	董永传说	山西省万荣县 江苏省东台市 河南省武陟县 湖北省孝感市
10	Ⅰ－10	西施传说	浙江省诸暨市
11	Ⅰ－11	济公传说	浙江省天台县
12	Ⅰ－12	满族说部	吉林省
13	Ⅰ－13	河西宝卷	甘肃省武威市凉州区、酒泉市肃州区
14	Ⅰ－14	耿村民间故事	河北省藁城市
15	Ⅰ－15	伍家沟民间故事	湖北省丹江口市
16	Ⅰ－16	下堡坪民间故事	湖北省宜昌市夷陵区
17	Ⅰ－17	走马镇民间故事	重庆市九龙坡区
18	Ⅰ－18	古渔雁民间故事	辽宁省大洼县
19	Ⅰ－19	喀左东蒙民间故事	辽宁省喀喇沁左翼蒙古族自治县
20	Ⅰ－20	谭振山民间故事	辽宁省新民市
21	Ⅰ－21	河间歌诗	河北省河间市
22	Ⅰ－22	吴歌	江苏省苏州市
23	Ⅰ－23	刘三姐歌谣	广西壮族自治区宜州市
24	Ⅰ－24	四季生产调	云南省红河哈尼族彝族自治州

续表

序号	编号	项目名称	申报地区或单位
25	Ⅰ－25	玛纳斯	新疆维吾尔自治区克孜勒苏柯尔克孜自治州、新疆维吾尔自治区文联民间文艺家协会
26	Ⅰ－26	江格尔	新疆维吾尔自治区和布克赛尔蒙古自治县、博尔塔拉蒙古自治州、巴音郭楞蒙古自治州，新疆维吾尔自治区文联民间文艺家协会
27	Ⅰ－27	格萨（斯）尔	西藏自治区、青海省、甘肃省、四川省、云南省、内蒙古自治区、新疆维吾尔自治区、中国社会科学院《格萨（斯）尔》办公室
28	Ⅰ－28	阿诗玛	云南省石林彝族自治县
29	Ⅰ－29	拉仁布与吉门索	青海省互助土族自治县
30	Ⅰ－30	畲族小说歌	福建省霞浦县
31	Ⅰ－31	青林寺谜语	湖北省宜都市

思考与练习

1. 联系生活实际，谈谈你对民间艺人的认识和对民间文学时代价值的理解。

2. 在你生活的地方有哪些民间文学？请选择其中一项用精语言讲述其故事脉络，分析其文化内涵，认知其传承价值。篇幅为 3 ～ 5 页 PPT 文稿。

具体要求：

（1）PPT 演示稿图文并茂，每页讲述一项内容，如："我知道的……""认识过程""感悟、收获"。脱稿宣讲，避免逐字通读。

（2）精语言的表达技巧：要突出主题、抓住重点，避免"不知所云"；用词口语化，具有亲和力，避免书面措辞；要把握语调节奏轻重缓急，避免"平淡无奇"；要真正"走心"地表达，真诚地交流；语言要生动而富于感染力，吸引听者，唤起共鸣。

（3）自我培养：熟悉讲稿内容；充满激情，保持自信；学习表演技巧；有意识地强化对时间的控制能力和责任意识。

第三章　传统音乐

学习目标

知识目标

1. 掌握传统音乐的特征和价值。

2. 了解古琴艺术和新疆维吾尔木卡姆艺术的渊源和艺术特征。

技能目标

1. 通过学习了解新疆维吾尔木卡姆艺术，并深刻理解非物质文化遗产是联结民族情感、维系国家统一的重要基础。

2. 通过欣赏古琴艺术，理解中国文人精神。

素质目标

欣赏和传承传统音乐，增加生活情趣，提升人格修养和精神境界传统音乐（也指民间音乐，在2008年公布的第二批国家级非物质文化遗产名录中，将“民间音乐”修改为“传统音乐”）是中国非物质文化遗产的重要组成部分。它由人们集体口头创作和口头传播，在表现手法、创作风格和艺术特征等方面均有不同于专业音乐创作的显著特点。本章以入选联合国教科文组织人类口头和非物质遗产代表作的“古琴艺术”和“新疆维吾尔木卡姆艺术”为例来介绍传统音乐的特征和价值。

第一节　传统音乐概述

传统音乐概述

一、传统音乐的特征

传统音乐指运用本民族固有方法、采取本民族固有形式创造的，具有本民族固有形态特征的音乐，如民间歌曲、民间器乐曲、舞蹈音乐、戏曲音乐、曲艺音乐和民间祭祀仪式音乐等，不仅包括流传至今的古代作品，还包括当代作品。传统音乐是我国民族音乐的一个重要组成部分，其与新音乐的区别并不在于创作时间的先后，而是在于表现形式及风格特征。如二胡独奏曲《二泉映月》《渔舟唱晚》虽是近代音乐作品，但其表演形式属于中华民族所固有的形式，所以也是传统音乐；相反，学堂乐歌、钢琴独奏曲《牧童短笛》等因其音乐形态特征借鉴了西方音乐，故不属于传统音乐。

在第一批国家级非物质文化遗产名录中，共入选72项传播于各地域、各民族的优秀民间音乐项目，其中包括入选联合国教科文组织人类非物质文化遗产代表作名录的古琴艺术、蒙古族长调民歌、新疆维吾尔木卡姆艺术、侗族大歌、花儿、蒙古族呼麦歌唱艺术、南音、西安鼓乐，还有清丽生动的左权开花调、河曲民歌、巢湖民歌、当涂民歌、兴山民歌，高亢激越的川江号子、南溪号子、澧水船工号子，优美淳朴的江南丝竹、宜昌丝竹、潮州音乐、冀中笙管乐，古朴典雅的智化寺京音乐、五台山佛乐、苏州玄妙观道教音乐、武当山宫观道乐等。第二批国家级非物质文化遗产名录将“民间音乐”改称“传统音乐”，共有67项中国传统音乐项目入选，如陕北民歌、江河号子、蒙古族民歌等少数民族民歌、佛教音乐、道教音乐等。到目前为止，入选五批国家级非物质文化遗产名录的传统音乐类项目共189项。

概括来讲，传统音乐具有以下特征。

（一）创作过程的集体性

和民间文学类似，传统音乐的创作过程是个人和集体融合在一起的，甚至个人的创作活动完全为集体所湮没。如船工号子，为了统一步伐，协调动作，其中有一人领头唱起了劳动的呼声，其余人跟着应和，如此呼与应循环往复所形成的船工号子，凝聚着参加劳动的所有人的音乐智慧。船工号子如此，山歌、小调也是这样，不论传统音乐的哪种类别，都蕴含着广大人民群众的集体智慧。

（二）传承过程的口头性

传统音乐的创作过程和流传过程的关系是十分密切的，创作的过程即是流传的过程，流传的过程也是创作的过程。一方面，过去由于劳动人民不能真正接受文化知识的教育，不便使用文字，因此难以通过书面形式进行传统音乐的传承。甚至在有了文字记录之后，传统音乐仍保持着它的口头性特征。另一方面，由于传统音乐具有神形兼备、突出意境等审美特征，书面文字难以准确表现其精、深、博、大的内涵，而灵活便捷、形象生动的口头传承形式便成为传统音乐传承的重要方法之一。

（三）艺术风格的地域性

传统音乐是广大劳动人民在生产生活过程中创作的，而生产生活离不开一定的自然地理环境。一方水土养一方人，一方人家有一方文化。人的文化活动和其他活动，与其所处的自然与人文环境有着不可分割的关系。

古人论乐，早有“秦声、楚调、吴歈、蔡讴”之分：“北主劲切雄丽，南主清峭柔远。北字多而调促，促处见筋；南字少而调缓，缓处见眼。北辞情少而声情多，南声情少而辞情多……北气易粗，南气易弱。”（明代王骥德著《曲律》卷一）。广袤西北的民歌语言粗犷、音调高亢，而秀丽江南的唱腔韵味悠长、音律委婉，体现了传统音乐艺术风格鲜明的地域性。

（四）音乐内涵的质朴性

传统音乐是来自民间的劳动人民的艺术，它反映了广大人民群众的心声、愿望以及审美情趣。传统音乐虽然有不同的形式和风格，但都具有质朴性，它不浮华，也不装腔作势。在艰苦而繁重的劳动之余，劳动人民靠自己的聪明才智美化自己的环境和生活，用自己创作的音乐形式来表现自己的喜怒哀乐、对幸福的渴望及对未来的向往。

二、传统音乐的价值

（一）传统音乐的市场价值

传统音乐具有不同文化相互交流的市场价值。比如在我国唐朝时期，各国间文化交流较为频繁，传统音乐通过文化、贸易等渠道得以传播交流，广泛吸收其他国家和民族的音乐特点，同时传播到世界各地，促进了中国与东西方各国在经济、贸易、文化等各方面的广泛交流与合作，丝绸之路就是这一时期中外音乐文化交流的枢纽。

（二）传统音乐的消费价值

传统音乐具有满足生活需求的功能，存在相对应的经济价值，只是这种满足生活需求的功能和经济价值的表现方式稍异于传统经济形式。在广袤的农村，传统音乐表演可以通过物质进行交换，比如使用香烟、白酒等既有一定价值又被广泛使用的生活物品进行交换；此外，传统音乐表演也可以通过劳动力的方式进行交换，农村称之为“换工”。有史料记载，传统音乐表演为表演者换来了红包补贴家用，也有人通过歌唱换取他人帮助进行劳动生产等。传统音乐以文化消费产品的性质存在于老百姓的生活中，也由此具有相应的消费经济价值。

（三）传统音乐的社会价值

在我国几千年的历史发展过程中，传统音乐不仅有着极高的艺术价值，而且在传统文化中扮演着极其重要的角色，它体现了不同地区、不同民族、不同群体的风土人情和精神面貌。如“侗族大歌”，它牢牢地植根在广大侗族人民的灵魂深处，并且成为一种独特的精神滋养，通过独特的生产方式和交换方式满足侗族群众的精神生活需要。

传统音乐的从业艺人在各种各样的场合，特别是在人口聚集规模较大的传统仪式中演唱或演奏各种反映历史传统、社会生活、个人人生体验等内容的传统音乐，对中国乡土文明建设做出了贡献。这种行为构建着个人与社会的多重关系，包括亲缘关系、友邻关系、经济关系以及人与天地、人与人、人与物之间的文化价值认同等，在很大程度上影响着广大乡民的心灵世界，不仅丰富了艺人自己的个人生活，更服务于家族、群落、社会，有助于人们建立起良好的人际沟通关系，对更好地建构和延续乡土文明起到了非常重要的作用。传统音乐对当前中国社会的公民道德意识和精神状态的提升也具有积极意义。

第二节　古琴艺术

项目名称：古琴艺术[1]
2003 年入选联合国教科文组织第二批人类口头和非物质遗产代表作
2006 年 5 月入选第一批国家级非物质文化遗产名录
类别：传统音乐
申报地区或单位：中国艺术研究院
编号：Ⅱ－34

古琴，又称“琴”“七弦琴”，别称“绿绮”“丝桐”。古琴艺术主要体现为一种平置弹弦乐器的独奏艺术形式，另外也包括唱、弹兼顾的琴歌与琴、箫合奏。古琴是一种古老的弹弦乐器，可考历史有三千余年。古琴艺术是彰显中国民族精神、中华美学精神的瑰宝，位列“琴棋书画”之首。作为中国器乐艺术的集大成者，古琴艺术基本涵盖了琴制（形制与制作）、琴弦、琴谱、琴人、琴曲、琴史、琴歌、琴论、琴派等领域，形成了由曲、谱、律、论、派、工构成的一套完整的琴学体系。

古琴不仅历史悠久，而且在相关文献、曲目积累、演奏技巧、乐学、律学、传承方式、斫琴工艺及对社会生活、历史、哲学、文学等领域的影响方面都具有突出的人文性和不可比拟的丰富性。

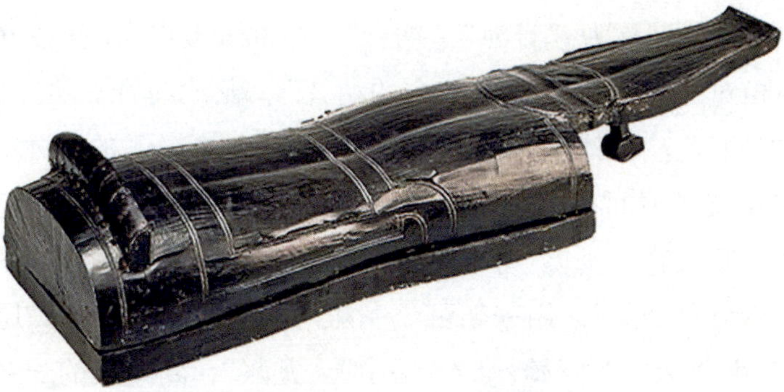

战国曾侯乙墓出土的古琴

① 周和平. 第一批国家级非物质文化遗产名录图典：上. 北京：文化艺术出版社，2007.

一、古琴艺术的历史发展概述

在社会发展初期，乐器或器乐的出现与人民的劳作息息相关。它自劳动中产生，又服务于劳动。在有关古琴起源的传说中，有伏羲造琴说、神农氏造琴说、唐尧作琴说等。

根据相关的文献记载，古琴艺术萌芽于先秦时期，而相应的琴学理论的发展则主要在春秋战国时期。两汉时期，古琴艺术日趋成熟，历经唐代的繁荣后，到宋元时期，已开始出现明确的流派传承。明清之际，古琴派别更加多样化，如虞山派、广陵派与浦城派等。在中国浩瀚的历史长河中，古琴艺术在每个时代都有其独特的文化意义与成就。

二、古琴的形制

古人制琴，讲究与天地、自然、人格等对应或相合，使古琴蕴含着丰富而深刻的人文意义。

琴身。古琴常见的长度约为 3 尺 6 寸 5 分，象征着一年的 365 天。

琴体。古琴宽度大约为 6 寸（20 厘米左右），厚度通常为 2 寸（6 厘米左右），由上、下两部构成，上部凸起呈弧形，下部扁平端稳，上为阳下为阴，上为天下为地，象征着天圆地方。古代文人不仅讲究“文如其人”，同时也追求“琴如其人”，用拟人或拟物的词称呼琴体的各部位，把古琴按从上往下分别称为琴头、琴颈、琴肩、琴腰、琴尾、琴足，与人体结构相呼应，意为“与琴为友”“人琴合一”。琴头上部称为额，额下架弦的硬木条，被称为“岳山”或“林岳”，这一部分是琴的最高处。琴底部有一大一小两个音槽，分别称为“龙池”“凤沼”。正所谓上山下泽，龙凤皆有，寓有“天地万象”之意。“龙池”与“凤沼”为音槽，意味着“空”，应合了中国文化中“有容乃大”的思想。琴头内部又有两个暗槽，分别称为“音池”“纳音”，尾部一般也有暗槽，称为“韵沼”。与龙池、凤沼相对应的地方，各有一个“纳音”。龙池纳音靠头一侧有“天柱”，靠尾一侧有“地柱”。琴体上的“承露”是岳山边靠额侧的硬木，上面有七个“弦眼”，用来穿弦，下面有七个“琴轸”，用来调节琴弦松紧以改变音高。琴头的侧端，有“凤眼”和“护轸”。自腰以下，称为琴尾。与岳山相对的琴尾硬木处刻有浅槽，称为“龙龈”，用来架弦。龙龈两侧的边饰称为“焦尾”，又称“冠角”。七根琴弦由“承露”开始，经“岳山”“龙龈”，到琴底的一对“雁足”，象征北斗七星。

琴弦与音。古之琴弦初为五弦，内合于金、木、水、火、土这五行，外合于宫、商、角、徵、羽这五音，有着非常宽广的音域；其中，泛音、散音、按音分别象征着天时、地利、人和。周代时已有七弦。东汉应劭所著的《风俗通义》记载：“七弦者，法七星也。大弦为君，小弦为臣，文王、武王加二弦，以合君臣之恩。”又者，徵包含有十三个泛音，分别被标志在不同位置，对应的是一年中的十二个月及闰月。

古琴形制充分体现了古琴艺术的博大精深，有着丰富的文化内涵和极高的艺术价值。

现传世的名琴有九霄环佩、枯木龙吟、玉壶冰、万壑松风、壑雷、大圣遗音、鸣凤、轻雷、蕉林听雨、秋岭鸣鹤等。

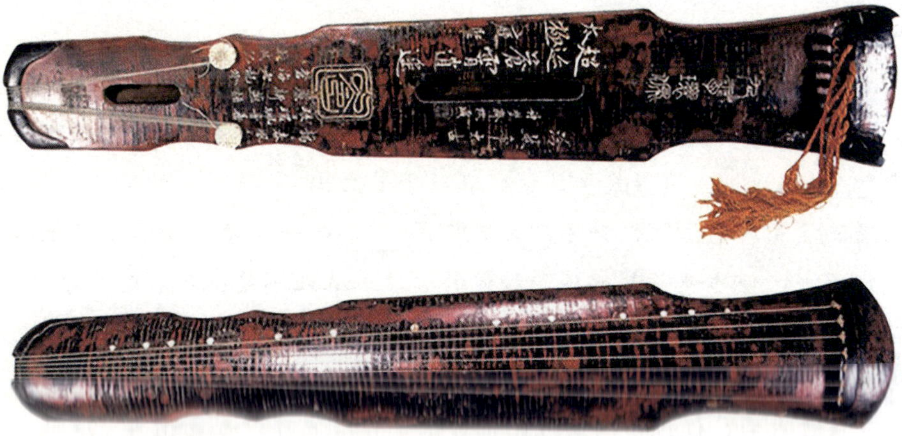

古琴——九霄环佩

古琴——玉壶冰

传承故事

蔡邕与焦尾琴

蔡邕，东汉名臣，著名文学家、书法家，他精通音律，才华横溢。相传蔡邕在“亡命江海、远迹吴会”时，曾于烈火中抢救出一段尚未烧完、发出异常声音的梧桐木。他依据木头的长短、形状，制成七弦琴，果然声音不凡。因琴尾尚留有焦痕，就取名为“焦尾”。“焦尾”以悦耳的音色和特有的制法闻名四海。后遂用“焦尾琴”“焦尾”“焦桐”“焦琴”“蕉叶”等指美琴，或比喻历尽磨难的良才、未被赏识的宝器。

延伸阅读

《吕氏春秋》中记载了这样一则家喻户晓的故事：一日，伯牙心无旁骛地弹奏古琴，钟子期在一旁专心致志地倾听。第一曲，伯牙心里向往着雄伟壮丽的高山，钟子期禁不住赞叹道：“善哉乎鼓琴！巍巍乎若太山。”接下来的第二曲，伯牙心中向往着汹涌澎湃的江河，钟子期又赞叹说：“善哉乎鼓琴！汤汤乎若流水。”后来钟子期死去，伯牙便毅然摔碎了钟爱的古琴，从此不复抚琴。时至今日，我们在领略“高山流水”的美妙意境时，也不禁为伯牙“摔琴谢知音”而感慨万分。“七弦为益友，两耳是知音”是中国古代文人之间一种特殊的感情表达方式，不需要过多的语言表白，仅仅是因为彼此都钟情于音乐就可以心意相通。这动人心弦、摄人魂魄的音乐便是古琴之声。

《伯牙鼓琴图》（元　王振鹏）

三、古琴艺术的艺术特征

古琴艺术是中国历史上最古老、艺术水准最高，最具民族精神、审美情趣和传统艺术特征的器乐演奏形式。古琴琴曲的标题性、音乐结构的带腔性、节奏上的非均分性、音质上清微淡远的倾向性集中体现了中国音乐体系的基本特征，构成了我国音乐审美的核心。琴曲音乐多方面地反映了人在自然、社会、历史变迁中的种种感受。常见曲目有《梅花三弄》《流水》《潇湘水云》《阳关三叠》《忆故人》等。

（一）音韵兼备

古琴有三种音色：泛音、散音、按音。弹奏泛音可以感受天籁之音，代表人对于天籁的想象；弹奏散音可以感受大地的声音，代表大地与自己的关系；弹奏按音可以感受人的情感，代表人与人之间一种无须语言的沟通。

古琴一般按五声音阶定弦。有六种常用的定弦法及四种特殊的定弦法。最常用的正调定弦是徵、羽、宫、商、角、少宫、少商（C、D、F、G、A、c、d）。古琴一弦多音，音域宽广。其低音浑厚结实，有如金石之响，高音清亮甜美，加上“散”“按”“泛”三种不同的基本取音方式，使之具有了丰富的音色变化基础。“散”是空弦发音，其声刚劲浑厚，常用于曲调中的骨干音；“泛”是以左手轻触徽位，发出轻盈虚飘的乐音（泛音），多用于弹奏华彩性曲调；“按”是左手按弦发音，移动按指可以改变有效弦长以达到改变音高的目的。同一个音高可以在不同弦、不同徽位用泛、散、按等不同方法奏出，音色富于变化。古琴艺术音韵兼备、虚实映照。

（二）人文精神

古琴艺术自创世之初便与文人士大夫结下了不解之缘，琴乐也发展成为中国传统音乐中独特的一类，成为“文人音乐”的主体。现存的三千余首琴曲，其标题大都为文人对自然和人生的咏唱，具有强烈的文化倾向和丰厚的文化内涵。从这种意义上讲，琴乐史就是一部文人的音乐文化史。

古琴艺术植根于社会现实生活，代表着中国文人怡情养性、寄情抒怀的生活追求，也体现了他们对国泰民安和完善自我人格修养的理想追求。古琴艺术强调与道德的关系，与人格的关系，与自然的关系。古琴艺术和文人的人格、独立精神、气节、操守紧密相连。只有尊重自己，尊重自己的信念，尊重自己的人格，才能在琴声中体现人最崇高的精神。古琴艺术非常强调人和人的相知，人和人灵魂的相遇，人和人彼此之间内在的、深刻的、超越了世俗观念的尊重。古琴艺术敬天地、敬自然，把自然当成最好的老师，把与自然契合作为音乐的最高境界，甚至把“自然”“不自然”作为衡量艺术家艺术、技艺的重要标准，这就是古琴的精神。

作为中国历史最悠久、文化负载最丰厚的乐器和艺术，古琴艺术是中华民族传统文化的瑰宝，体现出中华民族的智慧和创造力。

第三节　新疆维吾尔木卡姆艺术

项目名称：新疆维吾尔木卡姆艺术（十二木卡姆、吐鲁番木卡姆、哈密木卡姆、刀郎木卡姆）①

2005 年入选联合国教科文组织第三批人类口头和非物质遗产代表作

2006 年 5 月入选第一批国家级非物质文化遗产名录

类别：传统音乐

申报地区或单位：新疆维吾尔自治区，新疆维吾尔自治区鄯善县、哈密地区、麦盖提县

编号：Ⅱ－70

新疆维吾尔木卡姆艺术是一种集歌、舞、乐于一体的大型综合艺术形式，主要分布在南疆、北疆、东疆各维吾尔族聚居区，在乌鲁木齐等大、中、小城镇也广为流传。

新疆维吾尔木卡姆艺术（哈孜·艾买提　绘）

新疆维吾尔
木卡姆艺术

新疆维吾尔木卡姆艺术肇始于民间文化，发展于各绿洲城邦国宫廷及都府官邸，经过整合发展，形成了多样性、综合性、完整性、即兴性、大众性的艺术风格，并成为维吾尔族的杰出艺术表现形式。

① 新疆维吾尔自治区非物质文化遗产保护中心.

一、新疆维吾尔木卡姆艺术的主要流派

新疆维吾尔木卡姆艺术在其发展历程中形成了最具代表性的十二木卡姆、吐鲁番木卡姆、哈密木卡姆、刀郎木卡姆等流派。

（一）十二木卡姆

十二木卡姆由12套大型乐曲组成，其中每一套都包括“穹乃额曼”（意为“大曲”，系列叙咏歌、器乐曲、歌舞曲）、“达斯坦”（意为“叙事长诗”，系列叙事歌、器乐曲）和“麦西热甫”（意为“聚会”，系列歌舞曲）三大部分。每套含乐曲20～30首，12套共近300首，完整地演唱一次需要20多个小时。喀什、和田、阿克苏和伊犁等地流传的十二木卡姆虽然同源，但在结构模式、旋律风格、乐器使用等方面却又各具特色。十二木卡姆是维吾尔族民众最喜爱的艺术形式，人们常常在各种公众或家庭聚会中演唱和舞蹈。

十二木卡姆

（二）吐鲁番木卡姆

吐鲁番木卡姆是新疆维吾尔木卡姆艺术的重要组成部分，主要流传于吐鲁番市鄯善县鲁克沁镇及周边的托克逊县。吐鲁番木卡姆有“拉克木卡姆”“且比亚特木卡姆”等11部，完整演奏一次约需10小时。每套木卡姆由“木凯迪满”“且克特”“巴西且克特”“亚郎且克特”“朱拉”“赛乃姆”“尾声”等8个部分组成。除伴奏以外，还有用鼓吹乐表演的形式。吐鲁番木卡姆无鼓不歌、无舞不乐的艺

术特色是古代高昌及高昌回鹘汗国的音乐遗风。作为东西方乐舞文化交流的结晶，吐鲁番木卡姆记录和印证了不同乐舞文化之间相互传播、撞击、交融的历史。在吐鲁番木卡姆中既能见到我国中原音乐和漠北草原音乐的元素，也能见到中亚、南亚、西亚、北非等国家、地区音乐对木卡姆的影响。它特殊的音乐节奏、节拍及律制是维吾尔族音乐理论体系形成的重要基础。吐鲁番木卡姆的唱词多为民间歌谣，也有古代文人墨客的诗作，它汇集了吐鲁番维吾尔族民间口头文学和察合台历史时期古典诗歌的精华，成为研究古代高昌人和周边族群及现代维吾尔民族的生活哲学、伦理道德、民俗民风、文学艺术等诸种文化表现不可多得的活态资料。

吐鲁番木卡姆

（三）哈密木卡姆

哈密木卡姆是流传在新疆东部哈密的一种历史悠久、篇幅宏大、结构完整的大型维吾尔族音乐套曲，共有“琼都尔木卡姆”“乌鲁克都尔木卡姆”等12套，其中7套包括2个乐章（2套曲目），共有258首曲目、数千行歌词。哈密木卡姆在其形成和发展过程中，在西域“伊州乐”的基础上，不同程度地吸收了来自我国中原地区及中亚、西亚的音乐艺术营养，在歌词、风格、结构等方面体现了文化多元性的特点。哈密木卡姆在历史上经历了从民间到王宫，最后又回到民间的流传整合过程，经由民间艺人的不断演唱和整理规范，形成了结构完整的套曲形态。每套木卡姆均由散板的序唱和4/4、7/8、5/8节奏的多首歌曲及2/4节奏的多首歌舞曲的结构序列组成，体现了典型的完整性特征。哈密木卡姆的命名方式保持了维吾尔族的传统，每套木卡姆一直到现在都保留着维吾尔族的名称，如“乌鲁克都尔木卡姆”“嗨嗨哟兰木卡姆”“加尼凯姆木卡姆”等，在新疆各地木卡姆中显得十分独特。

哈密木卡姆

（四）刀郎木卡姆

刀郎木卡姆主要分布在塔里木盆地西北部以叶尔羌河至塔里木河流域为中心的刀郎地区，尤以麦盖提县为盛。刀郎木卡姆据说原有 12 套，现在能收集到的有 9 套，其中包括“巴希巴雅宛木卡姆”“孜尔巴雅宛木卡姆”“区尔巴雅宛木卡姆”等。每套刀郎木卡姆都由“木凯迪满”“且克脱曼”“赛乃姆”“赛勒凯斯”“色利尔玛”5 个部分组成，为前缀有散板序唱的不同节拍、节奏的歌舞套曲。每部刀郎木卡姆的长度为 6 ～ 9 分钟，9 套总长度约 1.5 小时。刀郎木卡姆的唱词是在刀郎地区广为流传的维吾尔族民谣，充分表达了当地人民的喜怒哀乐，同时反映出维吾尔族社会生活的各个方面，内容丰富多彩，曲调高亢粗犷，感情淳朴真挚。

刀郎木卡姆

新疆麦盖提县维吾尔族刀郎木卡姆是麦盖提县独具地方特色的民俗文化，与其他各地流传的刀郎木卡姆和其他各种维吾尔族木卡姆有着千丝万缕的联系，同时又有相对独立的艺术特色，具备较高的艺术价值。

二、新疆维吾尔木卡姆艺术的社会价值

新疆维吾尔木卡姆艺术在长期的历史演化过程中，形成了密切关联、内涵深厚、形式多样、内容丰富、风格独特的多元一体样式。它以人们喜闻乐见的形式，渗透在维吾尔族人民生活的方方面面，成为维吾尔族人民不可或缺的精神食粮。尤其是冠婚丧祭的人生礼仪、传统节日、丰收庆典、民间群众性娱乐晚会等场合，都是新疆维吾尔木卡姆艺术表演大放光彩的时刻。

新疆维吾尔木卡姆艺术的音乐形态丰富多样，有多种音律，繁复的调式、节拍、节奏，以及组合形式多样的伴奏乐器，具有鲜明的民族特色和强烈的感染力。新疆维吾尔木卡姆艺术的唱词包括哲人箴言、先知告诫、乡村俚语、民间故事等，其中既有民间歌谣，又有文人诗作，是维吾尔族人民艺术智慧的生动表现。它以人们熟悉的生活题材为创作源泉，在生动、多样的表现形式背后，蕴含着维吾尔族人民对美好生活的向往，既丰富了人们的精神生活，又在无形中起到了教化作用。

巴扎（意为“集市”）上的木卡姆演唱

新疆维吾尔木卡姆艺术以充满美感的表现形态承载着沙漠绿洲文化的优秀传统，散射出无尽的魅力与光彩。诗、乐、舞合一的艺术表现形态，以及多民族等因素形成的多元文化交融的特殊性，使这支古老西域文明的艺术奇葩为后世呈现出了一种别具一格的色彩和几分神奇的气息。它不仅是维吾尔族不可多得的艺术珍品，也是全人类的伟大艺术遗产。

相关链接

1. 传统音乐入选国家级非物质文化遗产名录的标准

第一，有深厚悠久的历史传统和清晰的传承脉络；

第二，有特定的传播区域和稳定的表现形式；

第三，具有独特的技艺风格；

第四，存活于民族、民间，是当地民众音乐审美趣味的重要载体。

2. 入选第一批国家级非物质文化遗产名录的传统音乐（见表 3－1）

表 3－1　入选第一批国家级非物质文化遗产名录的传统音乐（72 项）

序号	编号	项目名称	申报地区或单位
1	Ⅱ－1	左权开花调	山西省左权县
2	Ⅱ－2	河曲民歌	山西省河曲县
3	Ⅱ－3	蒙古族长调民歌	内蒙古自治区
4	Ⅱ－4	蒙古族呼麦	内蒙古自治区
5	Ⅱ－5	当涂民歌	安徽省马鞍山市
6	Ⅱ－6	巢湖民歌	安徽省巢湖市
7	Ⅱ－7	畲族民歌	福建省宁德市
8	Ⅱ－8	兴国山歌	江西省兴国县
9	Ⅱ－9	兴山民歌	湖北省兴山县
10	Ⅱ－10	桑植民歌	湖南省桑植县
11	Ⅱ－11	梅州客家山歌	广东省梅州市
12	Ⅱ－12	中山咸水歌	广东省中山市
13	Ⅱ－13	崖州民歌	海南省三亚市
14	Ⅱ－14	儋州调声	海南省儋州市
15	Ⅱ－15	石柱土家啰儿调	重庆市石柱土家族自治县
16	Ⅱ－16	巴山背二歌	四川省巴中市

续表

序号	编号	项目名称	申报地区或单位
17	Ⅱ－17	傈僳族民歌	云南省怒江傈僳族自治州、泸水县
18	Ⅱ－18	紫阳民歌	陕西省紫阳县
19	Ⅱ－19	裕固族民歌	甘肃省肃南裕固族自治县
20	Ⅱ－20	花儿（莲花山花儿会、松鸣岩花儿会、二郎山花儿会、老爷山花儿会、丹麻土族花儿会、瞿昙寺花儿会、七里寺花儿会、宁夏回族山花儿）	甘肃省康乐县、和政县、岷县 青海省大通回族土族自治县、互助土族自治县、乐都县、民和回族土族自治县 宁夏回族自治区
21	Ⅱ－21	藏族拉伊	青海省海南藏族自治州
22	Ⅱ－22	聊斋俚曲	山东省淄博市
23	Ⅱ－23	靖州苗族歌鼟	湖南省靖州苗族侗族自治县
24	Ⅱ－24	川江号子	重庆市、四川省
25	Ⅱ－25	南溪号子	重庆市黔江区
26	Ⅱ－26	木洞山歌	重庆市巴南区
27	Ⅱ－27	川北薅草锣鼓	四川省青川县
28	Ⅱ－28	侗族大歌	贵州省黎平县 广西壮族自治区柳州市、三江侗族自治县
29	Ⅱ－29	侗族琵琶歌	贵州省榕江县、黎平县
30	Ⅱ－30	哈尼族多声部民歌	云南省红河哈尼族彝族自治州
31	Ⅱ－31	彝族海菜腔	云南省红河哈尼族彝族自治州
32	Ⅱ－32	那坡壮族民歌	广西壮族自治区那坡县
33	Ⅱ－33	澧水船工号子	湖南省澧县
34	Ⅱ－34	古琴艺术	中国艺术研究院
35	Ⅱ－35	蒙古族马头琴音乐	内蒙古自治区
36	Ⅱ－36	蒙古族四胡音乐	内蒙古自治区通辽市
37	Ⅱ－37	唢呐艺术	河南省沁阳市 甘肃省庆阳市
38	Ⅱ－38	羌笛演奏及制作技艺	四川省茂县
39	Ⅱ－39	辽宁鼓乐	辽宁省 辽宁省辽阳市

续表

序号	编号	项目名称	申报地区或单位
40	Ⅱ－40	江南丝竹	上海市 江苏省太仓市
41	Ⅱ－41	海州五大宫调	江苏省连云港市
42	Ⅱ－42	嵊州吹打	浙江省嵊州市
43	Ⅱ－43	舟山锣鼓	浙江省舟山市
44	Ⅱ－44	十番音乐（闽西客家十番音乐、茶亭十番音乐）	福建省龙岩市、福州市
45	Ⅱ－45	鲁西南鼓吹乐	山东省嘉祥县
46	Ⅱ－46	板头曲	河南省南阳市
47	Ⅱ－47	宜昌丝竹	湖北省宜昌市夷陵区
48	Ⅱ－48	枝江民间吹打乐	湖北省枝江市
49	Ⅱ－49	广东音乐	广东省广州市、台山市
50	Ⅱ－50	潮州音乐	广东省潮州市、汕头市
51	Ⅱ－51	广东汉乐	广东省大埔县
52	Ⅱ－52	吹打（接龙吹打、金桥吹打）	重庆市巴南区、万盛区
53	Ⅱ－53	梁平癞子锣鼓	重庆市梁平县
54	Ⅱ－54	土家族打溜子	湖南省湘西土家族苗族自治州
55	Ⅱ－55	河北鼓吹乐	河北省永年县、抚宁县
56	Ⅱ－56	晋南威风锣鼓	山西省临汾市
57	Ⅱ－57	绛州鼓乐	山西省新绛县
58	Ⅱ－58	上党八音会	山西省晋城市
59	Ⅱ－59	冀中笙管乐（屈家营音乐会、高洛音乐会、高桥音乐会、胜芳音乐会）	河北省固安县、涞水县、霸州市
60	Ⅱ－60	铜鼓十二调	贵州省镇宁布依族苗族自治县、贞丰县
61	Ⅱ－61	西安鼓乐	陕西省
62	Ⅱ－62	蓝田普化水会音乐	陕西省蓝田县
63	Ⅱ－63	回族民间器乐	宁夏回族自治区
64	Ⅱ－64	文水鈲子	山西省文水县
65	Ⅱ－65	智化寺京音乐	北京市

续表

序号	编号	项目名称	申报地区或单位
66	Ⅱ－66	五台山佛乐	山西省五台县
67	Ⅱ－67	千山寺庙音乐	辽宁省鞍山市
68	Ⅱ－68	苏州玄妙观道教音乐	江苏省苏州市
69	Ⅱ－69	武当山宫观道乐	湖北省十堰市
70	Ⅱ－70	新疆维吾尔木卡姆艺术（十二木卡姆、吐鲁番木卡姆、哈密木卡姆、刀郎木卡姆）	新疆维吾尔自治区 新疆维吾尔自治区鄯善县、哈密地区、麦盖提县
71	Ⅱ－71	南音	福建省泉州市、厦门市
72	Ⅱ－72	泉州北管	福建省泉州市

思考与练习

1. 简述古琴艺术中蕴含的中国文人精神。

2. “微论文”写作：以“我认识的新疆维吾尔木卡姆艺术”为题，谈谈对“非物质文化遗产是联结民族情感、维系国家统一的重要基础”的理解。

3. 你的家乡有哪些民歌（或山歌）？试学唱一首（或一段）。

第四章　传统舞蹈

学习目标

知识目标

1. 掌握传统舞蹈的特征和价值。

2. 了解京西太平鼓“鼓舞结合”的特点和朝鲜族农乐舞欢庆丰收的特点。

技能目标

1. 掌握一种传统舞蹈的队形队列特点，并主动投入到集体健身运动中。

2. 善于发掘传统舞蹈愉悦身心、凝聚力量的社会价值。

素质目标

通过欣赏传统舞蹈，培养集体意识、团队合作精神以及社会责任感。

传统舞蹈（也指民间舞蹈，在 2008 年公布的第二批国家级非物质文化遗产名录中，将“民间舞蹈”修改为“传统舞蹈”）多为载歌载舞的集体舞，寄托着民众的情感与趣味、理想与愿望，其内容广泛、主题丰富，具有民族及地方特色。传统舞蹈是民族民间文化的重要组成部分，也是我国非物质文化遗产的一个重要类别。本章以具有广泛群众基础与深厚历史渊源的“京西太平鼓”和“朝鲜族农乐舞”为例介绍传统舞蹈的特征和价值。

第一节 传统舞蹈概述

传统舞蹈的特征

一、传统舞蹈的特征

传统舞蹈是由广大人民所创编、世代相传、在日常生活场所表演的各种民间舞蹈。传统舞蹈以习俗舞蹈为主，有生活习俗舞蹈、礼仪习俗舞蹈、节日习俗舞蹈和信仰习俗舞蹈，它们大多依附于各民族传统风俗活动，如生产劳动、岁时节令、婚丧礼仪、信仰崇拜等，是和人民群众生产生活息息相关、通过肢体语言传衍而代代相传的舞蹈。传统舞蹈的动作往往经过了历代民众的传播与加工完善，形成了极具民族和地域特色的表演风格，已成为特定民族、特定地域民众性格气质的典型反映。

在第一批国家级非物质文化遗产名录中，共有 41 项流传于各地域、各民族的优秀传统舞蹈项目入选，其中包括入选联合国教科文组织人类非物质文化遗产代表作名录的中国朝鲜族农乐舞，以及在汉族聚居地区广为流传的秧歌、狮舞、龙舞，技术难度很高的高跷，充满神秘气息、源远流长的傩舞，安徽的花鼓灯，藏族的锅庄舞和热巴舞，傣族的孔雀舞，彝族的葫芦笙舞，蒙古族的安代舞，等等。第二批国家级非物质文化遗产名录中有包括鼓舞、灯舞、朝鲜族长鼓舞和其他少数民族传统舞蹈等在内的 55 项优秀传统舞蹈项目。到目前为止，入选了五批国家级非物质文化遗产名录的传统舞蹈类项目共 144 项。

中国各民族、各地区都有各自的传统舞蹈，历史悠久、形式多样、世代相传。其共同的特点是：载歌载舞，多用道具，有自由生动的表演形式，内容多借助故事传说，形象鲜明生动。概括地讲，传统舞蹈有群众性、自娱性、民族性等特征。

（一）群众性

传统舞蹈是由群众自己创作和表演的，表现了群众的生活习俗以及精神风貌，具有鲜明的群众性。传统舞蹈有对日常劳动生活的摹写，有对民族历史和传说的演绎，有对爱情的讴歌，有对丰收、婚礼的欢庆等，散发着生活的气息，其表演形式灵活多样，常用于礼仪活动和节庆活动之中。

中华民族的舞蹈文化源远流长，自古就体现出群体性。《山海经·海内经》中记载："帝俊有子八人，是始为歌舞。"这说明舞蹈的初始状态是群众性的集体形式，是所有部族人员全体参与的群体活动。我国出土的新石器时代舞蹈纹陶盆，也印证了原始舞蹈整齐的队列及群体性的特点。传统舞蹈通过人的肢体来展现其所蕴含的内容，包括古代原始社会的狩猎生活、战争经历、图腾信仰及生殖崇拜，以及各种传统节日里人们的娱乐活动，渗透了民俗、祭祀、礼仪活动的遗风。

（二）自娱性

传统舞蹈不是以功利为目的去娱人的少数人的行为，而是广大群众直接参与、自娱自乐、尽情抒发内心感情而自我陶醉、自我表现、自我满足的群体娱乐行为。传统舞蹈的动作步法比较简单精练，易被广大群众所掌握，在家族、村寨中以言传身授的方式传承，其表演常常和群众性的自娱活动紧密相连。舞蹈是一种肢体语言，运用肢体语言表现生活劳动过程就是人民群众对舞蹈进行艺术化创作的过程，蕴含着人民群众对于生活与劳作的思考。娱乐与劳动情景交融，使传统舞蹈体现出生动、热烈、质朴的情感，具有强大的生命力和无限的魅力。

（三）民族性

民族性是指为某一民族独有，深深地打上了该民族的烙印。传统舞蹈的民族性就是各个民族舞蹈文化的特定性，各民族传统舞蹈是各民族智慧的结晶。各民族传统舞蹈的风格是由人们长期的生活方式、社会结构、地理环境、风俗习惯、审美观念等诸多方面因素综合作用而形成的。例如瑶族的金锣舞就体现了瑶族人民的生活方式和审美意识，瑶族人大多居于高山上，山路崎岖，在平时行走时须用力抬高脚、塌腰含胸，这些特定的习惯性动作通过金锣舞表现得淋漓尽致；傣族人民擅种水稻，其舞蹈的基本特征是“三道弯”，S 形的三道弯柔媚似水，表现了傣族人民的性格和气质；藏族传统舞蹈锅庄舞动作粗犷有力，矫健奔放，劳动气息浓厚，体现了藏族人民豪爽奔放的性格特征。

二、传统舞蹈的价值

传统舞蹈的价值

（一）传统舞蹈是民族生存的精神命脉

古老的民族传统舞蹈，大多来自以祖先崇拜为中心的民俗节日，通过传统舞蹈狂热的激情和特定的肢体语言达到表达对祖先的崇拜的目的，这种以舞蹈祭祀祖先的激情，自古以来就是一种强劲的民族凝聚力和生命力的体现。传统舞蹈与民族的岁时、节日性的民俗活动密不可分，民俗就是传统舞蹈表现形式与社会功能的基础，传统舞蹈在民俗活动中传承了特定民族的文化因素，保持着该民族久远的特殊标志。

（二）传统舞蹈是人们凝聚力量、愉悦身心的重要方式

传统舞蹈最初用于祭祀祈福，是先民们与上天对话的一种方式，通过与神的沟通，祈求来年风调雨顺、五谷丰登，表达了人们对美好生活的期盼、庆祝。古代社会经常发生战争，为了凝聚士气，团结奋起，增强将士们胜利的信心，在战场上常会以击鼓的方式来鼓舞军心，击鼓而舞便成为凝聚力量的一种重要手段。随着人们的生活逐渐安定，传统舞蹈渐渐融入民俗活动当中，舞蹈凝聚力量的功能从其他方面得到了体现。每年的重大节日，一些民族会举行热闹的社火活动，人们扮演不同的角色，演绎不同的故事，以舞蹈的方式进行交流。在表演过程中，人们互相送上美好的祝愿，通过相互沟通化解平日里的一些小矛盾，使当地民众更加具有凝聚力。舞蹈最早起源于人类自身情感表达的需要，是某种情绪的直接宣泄方式，传统舞蹈所蕴含的真、善、美给人们创造了一个美好的精神时空，使人们从繁杂的现实生活中解脱出来，让心灵得到抚慰。人们在观看舞蹈表演时可以融入表演氛围，随着演员情感和表演内容的变化获得一定的审美感受，从而愉悦身心。

（三）传统舞蹈是舞蹈艺术创作的素材来源

各民族的传统舞蹈为舞蹈艺术创作提供了丰厚的文化资源和大量的舞蹈素材，各国各民族的宫廷舞蹈、古典舞蹈、剧场歌舞和舞会舞蹈，都和传统舞蹈有着不可分割的联系；我国的戏曲舞蹈和新创作舞蹈也大量地吸收了各种传统舞

蹈的元素，如传统舞蹈的形式、动作、队形、节目，传统集会的时间，祭祀、祈福、庆典、交际仪式，等等。如今，传统舞蹈还被引入了高校的教学体系中，丰富了高校舞蹈课程的内容，拓宽了学生的视野，提升了学生的编创能力与表演能力，同时也增进了学生对传统文化的了解和认同，促进了传统舞蹈的传承和发展。

第二节　京西太平鼓

项目名称：京西太平鼓[1]

2006 年 5 月入选第一批国家级非物质文化遗产名录

类别：传统舞蹈

申报地区或单位：北京市门头沟区

编号：Ⅲ－1

一、京西太平鼓的特征

京西太平鼓，北京市门头沟区民间舞蹈，主要指的是以“捕鼓”为主要动作，以“扭”“颤”“艮”为主要韵律的单面鼓鼓舞。太平鼓是一种老百姓自娱自乐、集体传承、集体发展的传统舞蹈，具有广泛的群众基础和深厚的历史渊源，在当地的民俗活动中发挥着重要的作用。太平鼓自明代起在北京流传，至清初时，京城内外太平鼓极为盛行。

北京的太平鼓主要流传于门头沟、石景山、丰台、海淀、房山五个区，其中以门头沟区的太平鼓最有特色。门头沟区地处北京市西部山区，有潭柘寺、戒台寺及妙峰山等著名景点。太平鼓又称“迎年鼓”，单面，外形与团扇相似，多配合舞蹈动作敲击，最早用于祭祀、祈福的歌舞表演，之后用于民间欢庆新春佳节等娱乐活动。一般打太平鼓的时间为农历腊月与正月农闲时间，老百姓借此表达“求太平、追太平”的美好愿望，期盼国泰民安。

京西太平鼓有边打边舞、鼓舞结合的特点。太平鼓表演者成双成对，一面击鼓抖环，一面腾挪跳跃。小伙子跳起来，舒展挺拔，鼓点打得上下翻飞，只见“人舞鼓，鼓缠人”。姑娘家的舞姿柔韧、轻巧，可以形容她们“扭起身躯似柳弯，扇鼓舞动肩带颤”。此外还一种表演形式是间打间唱，即唱一段曲，打一遍鼓。太

① 北京市门头沟区文化馆.

平鼓的鼓点比较丰富，有大搧鼓、小搧鼓、追鼓、圆鼓等。京西太平鼓集竞技性、趣味性和即兴性于一体，具有强烈的地域文化象征意义，是典型的北京地区传统民间舞蹈。

（一）道具

太平鼓是一种有柄有环的单面鼓，以圆形为主，形如蒲扇，鼓面是用羊皮、牛皮或“洋面”口袋布做的。鼓面底色为白色，绘有粉红色牡丹花的图案。鼓圈用铁条凿制而成。鼓柄下是银色的葫芦环（也称如意环），大小两个葫芦环重叠在一起，并缀有多个银白色的小铁环。太平鼓的鼓鞭用藤条制成，并配有绿色或红色的彩绸。击打太平鼓时，左手握鼓柄，右手持鼓鞭，边击边舞，“咚咚”的鼓声伴随着“哗啦哗啦”的清脆金属声，和谐动听。作为一种标志性舞具，太平鼓从制作工艺到与舞蹈动作的有机结合都已经超脱了道具的单纯功能，而成为具有强烈地域文化象征的器物，是当地老百姓文化认同的标志。

太平鼓道具

（二）动作

太平鼓的动作以成对“搧鼓”为主，步伐由“秧歌步”变化而来，伴随着膝部的颤动和腰部的扭动。其舞蹈性很强，节奏明快，鼓点清脆，动作流畅且幅度较大。太平鼓的老艺人认为，太平鼓表演的诀窍，一是“要鼓缠人，不要人缠鼓”，耍鼓的幅度要大一些，凸显出鼓，而不是人；二是“脚下见高不见远”，脚要抬得高，落地要近，步子要小，这是因旧社会妇女缠足而形成的特点。总之，舞起来要有“扭劲”“搧劲”“颤劲”“艮劲”。京西太平鼓以身体的律动带动鼓的舞动，身体自然拧扭，在对舞交换位置的过程中，步伐以“刨步”为主，脚掌用力刨地而起。

（三）队形

京西太平鼓具有汉族民间舞蹈的特点，与西南少数民族舞蹈的“圈舞”所不同的是，其表演人数相对固定，观众与演员的关系比较分明，队形有四方斗、拉抽屉、串胡同、扑蝴蝶等，男女老少均可，但必须成双成对，具有对称性、四方兼顾、周而复往等特点。

（四）音乐

太平鼓的音乐伴奏可以分为两个部分：“鼓点”和“唱曲”。鼓点既是舞蹈套路的名称，又是音乐曲牌，以2/4拍节奏为主，又可以进一步细分为单鼓点和双鼓点。其中，单鼓点指的是以四分音符为主的鼓点节奏，其节奏平稳，力度对比鲜明，例如圆鼓点、摇头跪等。而双鼓点是指以八分音符和十六分音符为主的鼓点节奏，其中还伴有八分休止符，呈现出明快而跳跃多变的密集型节奏，多用以烘托舞者刚劲有力、热情洒脱的舞姿，使太平鼓音乐充满朝气和妙趣，如大搧鼓点、圆鼓点等。京西太平鼓击鼓时伴随着特色“抖环”，金属的“哗啦”声清脆悦耳，形成了丰富多样的音响。

太平鼓的唱曲，当地人叫“绳歌”，曲子多是当地民间小调，唱词一般以历史传说、典故、时令花草、叙事为主。一曲可配多词，词曲朴实易于上口，具有浓郁的生活气息，深得人民喜爱。

北京门头沟区灵水村秋粥节上的太平鼓表演

文化遗产日，京西太平鼓表演 1

文化遗产日，京西太平鼓表演 2

二、京西太平鼓的社会功能

（一）理想生活的外化形式

太平鼓是京郊门头沟区老百姓自娱自乐的民间舞蹈。以前，每年一进腊月，傍晚时分，在村头场院或街头，鼓声咚咚、歌声悠扬，都可见到人们三五成群“斗公鸡”“扑蝴蝶”“走月牙”，撩腿扭腰，婀娜多姿。只要有人在村头敲起鼓，远近的街坊邻居就会闻鼓而至，不论年龄大小、辈分高低，男男女女、老老少少都会一起尽情尽兴地“耍”起鼓来，酣畅淋漓、畅发自由。

在过去门头沟地区相对贫乏的休闲娱乐生活中，作为老百姓自娱自乐的活动之一，太平鼓成为他们沟通情感、宣泄情绪的载体，这种表达与展露情绪情感的过程拉近了人与人的距离，融洽了人与人的关系，同时，人们在互动娱乐的过程中强身健体，获得身心的快乐。清代文人写的北京风物诗《燕台竹枝词·太平鼓》中有这样的描述：“铁环震响鼓蓬蓬，跳舞成群岁渐终。见说太平都有象，衢歌声与壤歌同。”太平鼓是当地老百姓理想生活的外化形式，是他们对美好生活的情感寄托。

（二）精神生活的内在寄托

京西太平鼓与当地人的精神生活有着千丝万缕的联系。

1. 祈求太平

旧社会时期，人们在农历腊月与正月农闲时打太平鼓，祈求未来一年的平安健康，祈愿新的一年农作物有个好收成。人们借太平鼓的太平之意，表达求太平、享太平的美好心愿。新中国成立后，人们又重新拾起太平鼓，表达对新中国的美好祝愿，对太平盛世的企盼。在国家重大的庆典活动中，太平鼓总是以庞大的阵容参加游行庆典，表达人们的喜悦心情和对美好生活的向往。

2. 祈福纳祥

门头沟山川秀美、环境清雅，自古便是设坛立庙的理想之地。在这片土地上遍布着大大小小的庙宇，有“京都第一寺”美称的潭柘寺、号称“神州第一坛”的戒台寺、因供奉着碧霞元君而声名远播的妙峰山娘娘庙等。[①] 每年的庙会活动，人们都会献艺表演太平鼓，祈福纳祥。

总之，人们通过打太平鼓祈求太平、欢庆喜事，表达自己的情感，寄托自己的期盼。太平鼓已不仅仅作为一种娱乐方式出现在人们的生活中，它更是当地人民的精神信仰与寄托。

太平鼓植根于民间、成长于民间、繁茂于民间，老百姓对太平鼓的喜爱、老艺人对太平鼓的执着创造使太平鼓得以延续，使古老的太平鼓一直充满活力。

① 刘铁梁. 中国民俗文化志：北京·门头沟区卷. 北京：中央编译出版社，2006.

传承活动

半个多世纪以来，太平鼓的发展传承和社会变革息息相关，特别是改革开放几十年来，太平鼓更是焕发出勃勃生机，在国家庆典或其他一些重大活动场合，都能看到京西太平鼓的精彩表演。

1949年10月1日，门头沟太平鼓队来到天安门广场参加开国大典欢庆表演活动；

1984年，太平鼓队以200多人的庞大阵容参加了国庆35周年的天安门游行表演活动；

1987年，太平鼓队参加了第一届农民运动会开幕式活动；

1990年，太平鼓队以800人的强大阵容，代表北京市亮相第十一届北京亚运会开幕式；

1999年，太平鼓队参加了国庆50周年天安门广场联欢活动；

2008年，太平鼓队参加了北京奥运会开幕式前的演出活动。

2009年，太平鼓队参加了国庆60周年天安门广场联欢活动；

2010年，太平鼓队参加了全国首届农民艺术节闭幕式活动；

2012年，太平鼓队参加了北京“喜迎十八大”万场群众文艺汇演闭幕式活动；

2012年，太平鼓队参加了北京市第二十三届农民艺术节开幕式活动；

2014年，太平鼓队参加了北京市第九届民族传统体育运动会开幕式活动；

2017年，太平鼓队参加了文化和自然遗产日“百年天街 千年工匠”前门主题活动；

2018年，太平鼓队参加了中国农民丰收节演出活动；

2019年，太平鼓队参加了70周年国庆永定楼主会场的演出活动；

2023年，太平鼓队参加了北京市第十一届民族传统体育运动会开幕式活动。

京西太平鼓艺人以粗犷有力的舞姿、意气风发的精神面貌传达出亿万农民过上幸福生活的喜悦心情，用北京地区优秀的传统民间艺术形式表达了全国人民对祖国的美好祝福。

第三节　朝鲜族农乐舞

项目名称：朝鲜族农乐舞（象帽舞、乞粒舞）[①]

2006年5月入选第一批国家级非物质文化遗产名录

2009年入选联合国教科文组织人类非物质文化遗产代表作名录

类别：传统舞蹈

申报地区或单位：吉林省延边朝鲜族自治州、辽宁省本溪市

编号：Ⅲ-24

农乐舞俗称"农乐"，流传于吉林省、黑龙江省、辽宁省等地的朝鲜族聚居区。其历史可追溯到古朝鲜时代春播秋收时祭天仪式中的"踩地神"。农乐舞是一种融音乐、舞蹈、演唱于一体的综合性的民族民间艺术，一般有两种形式：一种是以舞蹈和哑剧形式进行的情节性的演出；另一种是在新年伊始和欢庆丰收时节，以热烈而丰富的传统舞蹈为内容进行的群众性表演活动。2006年朝鲜族农乐舞（象帽舞、乞粒舞）入选第一批国家级非物质文化遗产名录，2009年入选联合国教科文组织人类非物质文化遗产代表作名录。

象帽舞（舞台表演剧照）

① 延边朝鲜族自治州非物质文化遗产保护中心.

象帽舞（田间表演剧照 1）

农乐舞的表演共包括 12 部分。有青年男子表演的“小鼓舞”，舞童表演的“叠罗汉”，多人表演的传统“扁鼓舞”，男女都可表演的“长鼓舞”，多人持大型花扇表演的源于古代“巫舞”的“扇舞”，假形舞蹈“鹤舞”，以及最后压阵的男子“象帽舞”。象帽舞向来是令人瞩目和兴奋激动的舞蹈，男青年舞者头部甩动长达 20 米彩带的高难度技巧，让人拍手叫绝，成为农乐舞最突出的标志之一。

一、朝鲜族农乐舞的种类

（一）象帽舞

朝鲜族农乐舞·象帽舞

象帽舞作为一种传统的娱乐形式，历史悠久。相传它是由古代朝鲜族人民在耕作时，将大象毛[①]绑在帽尖上左右摇摆来防止野兽侵扰的传统演变而来的；也有人说它源于古代朝鲜族人民在狩取野兽等食物后，甩动发髻以示庆贺的表达形式。如今，象帽舞已发展成为一种综合性的民间艺术。它把音乐、舞蹈、演唱融为一体，具有一定的技巧和丰富的内涵。据史料记载，每年十月秋收后，古代朝鲜族人民都会隆重地举行祭天仪式，人们昼夜饮食歌舞，感谢上天的恩赐，欢庆丰收。因此这种舞蹈称为“农乐舞”，而象帽舞是其中的最高表现形式，代表着整个农乐舞当中的最高技巧和最高兴奋点。

① 这里所说的大象，一说为披毛犀，是一种已经灭绝的犀牛，全身披满厚长而浓密的毛；一说为猛犸象，又名长毛象，身上长满细密的长毛。

象帽舞（田间表演剧照 2）

每当有庆典活动时，各个村寨都会派出自己浩荡的舞队，参加当地的演出。舞队的前方以令旗和一面写有“农者天下之本”的农旗为先导，随后是一名在队首敲打小锣担任总指挥的男子。在他的带领下，手拿太平箫、喇叭及各种鼓类乐器的乐队和各种乔装人物组成舞队的仪仗部分。接下来是表演小鼓舞、扁鼓舞、长鼓舞、扇舞、鹤舞、象帽舞、面具舞及哑剧的演员队伍，参加人数不限。

象帽舞种类繁复，舞技多样，包括“长象帽”“中象帽”“短象帽”“线象帽”“羽象帽”“尾巴象帽”“火花象帽”等种类。象尾有几尺长的，亦有几丈长的。甩象帽是象帽舞的基本动作，也是其表演技巧的独特之处。表演时，舞者以颈项的力量频频摇动头部。甩象帽动作花样众多，有“平甩象”“左右甩象”“主甩象”“抖露珠象”等，表演者边甩边跳跃，表演出“甩象跨步”和“俯身甩象”等高难度动作，带动帽子上的飘带形成线条流畅的动态圆环，带给欣赏者一种赏心悦目的美感。

象帽舞一般为群体表演，表演时非常讲究，有一定的步骤和程序。音乐响起后，先甩短象帽，配以手鼓，做较简单的舞蹈动作；接着再换中象帽，配以长鼓，做钻圈、旋子、扶地翻转等肢体动作；最后，由 1 ～ 3 人甩长象帽，做跳纸条、上台阶、圈人等高难度动作，使表演达到最高潮。在表演过程中，时时辅以手鼓、长鼓、边鼓以及大锣、小金、洞箫、短笛和朝鲜族唢呐等乐器伴奏。

象帽舞（田间表演剧照 3）

（二）乞粒舞

流传于辽宁省本溪市桓仁满族自治县的朝鲜族乞粒舞有着悠久的历史，它原是农乐舞的一种，源于祈求农业丰收的民俗活动，随着时代发展，逐渐形成融自娱性和表演性为一体的舞蹈。

本溪市东部的桓仁满族自治县的横道川和六道河地区，山峦起伏、森林茂密、交通闭塞，独特的地理环境形成了乞粒舞独特的文化生态和传承的特殊环境。“乞粒”就是乞求米粒的意思。在货币还没产生的时候，朝鲜族人民以米代替货币进行商品交换。“乞粒舞”的起源主要有两种形式：一种是在朝鲜族聚居区域里，每当要办一件大事或举行一次大型活动时，就由村里有地位的人物牵头组织能歌善舞的人，穿上鲜艳的民族服装，击鼓奏乐，到富户人家或商号、店铺的门前表演，请他们出来资助；另一种则是为了建造、修缮庙宇，庙里的和尚手里拿着铜钹，边敲边念着经文，到各家各户化缘。

乞粒舞是自娱性的民间舞蹈。它不仅吸收了拔河比赛时“双层舞”的精华，而且把“乞粒”活动中的歌舞部分融于其中，从而形成了独特的表演形式。乞粒舞有相对稳定的传统程式，但又不完全受传统程式的限制。表演者可以根据现场情绪起舞，整个舞蹈具有很强的即兴性。当表演者情绪高涨时，大家各显神通，男性晃动象帽，使顶端长缨飞旋，画出美丽的弧线；姑娘边敲击长鼓边快速旋转，以形体的动感和美感传情达意。老年扮演者不仅注重舞之韵味，而且注重姿态，动作变化繁多，通过即兴表演将心底的欢悦之情表达得淋漓尽致。乞粒舞的参与人员众多，影响广泛，是朝鲜族人民群体舞蹈的典型代表。

乞粒舞

二、朝鲜族农乐舞的文化价值

象帽舞是朝鲜族最具特色的舞蹈之一，每逢节日、婚礼、农闲以及竞技活动之时，男女老幼都会聚在一起尽情表演。象帽舞从最初简单的田间娱乐发展到现在由专业的文艺团体进行演出，并多次获得国家级、省级大奖。内容丰富、特色鲜明的乞粒舞也同样具有悠久的历史，因其舞蹈形态复杂、动作洗练、技艺高超，所以在朝鲜族舞蹈中享有独特地位。

农乐舞动作活泼优雅，节奏欢快舒畅，充分反映了朝鲜族人民在劳动中的精神风貌和民族气质，是朝鲜族人民在长期生产生活中创造出来的宝贵财富，是中华民族多元文化中的璀璨一脉。它体现了朝鲜族民间舞蹈独特的艺术风貌，具有较高的历史和文化价值，并以其独特的地域性和广泛的群众性，丰富着中华民族民间文化艺术。

相关链接

1. 传统舞蹈入选国家级非物质文化遗产名录的标准

第一，与民众生活息息相关，在一定民族或地区（族群、村落）人民中相沿许久而形成；

第二，形式完整，个性鲜明，未经改编加工，具有传统审美特征和鲜明的文化属性；

第三，对本地区、本民族的文化传统具有传承作用。

2. 入选第一批国家级非物质文化遗产名录的传统舞蹈（见表 4-1）

表 4-1　入选第一批国家级非物质文化遗产名录的传统舞蹈（41 项）

序号	编号	项目名称	申报地区或单位
1	Ⅲ-1	京西太平鼓	北京市门头沟区
2	Ⅲ-2	秧歌（昌黎地秧歌、鼓子秧歌、胶州秧歌、海阳大秧歌、陕北秧歌、抚顺地秧歌）	河北省昌黎县 山东省商河县、胶州市、海阳市 陕西省绥德县 辽宁省抚顺市
3	Ⅲ-3	井陉拉花	河北省井陉县
4	Ⅲ-4	龙舞（铜梁龙舞、湛江人龙舞、汕尾滚地金龙、浦江板凳龙、长兴百叶龙、奉化布龙、泸州雨坛彩龙）	重庆市 广东省湛江市、汕尾市 浙江省浦江县、长兴县、奉化市 四川省泸县
5	Ⅲ-5	狮舞（徐水舞狮、天塔狮舞、黄沙狮子、广东醒狮）	河北省徐水县 山西省襄汾县 浙江省临海市 广东省佛山市、遂溪县、广州市
6	Ⅲ-6	花鼓灯（蚌埠花鼓灯、凤台花鼓灯、颍上花鼓灯）	安徽省蚌埠市、凤台县、颍上县
7	Ⅲ-7	傩舞（南丰跳傩、婺源傩舞、乐安傩舞）	江西省南丰县、婺源县、乐安县
8	Ⅲ-8	英歌（普宁英歌、潮阳英歌）	广东省揭阳市、汕头市
9	Ⅲ-9	高跷（高跷走兽、海城高跷、辽西高跷、苦水高高跷）	山西省稷山县 辽宁省海城市、锦州市 甘肃省永登县
10	Ⅲ-10	永新盾牌舞	江西省永新县
11	Ⅲ-11	翼城花鼓	山西省翼城县
12	Ⅲ-12	泉州拍胸舞	福建省泉州市
13	Ⅲ-13	安塞腰鼓	陕西省安塞县
14	Ⅲ-14	洛川蹩鼓	陕西省洛川县
15	Ⅲ-15	兰州太平鼓	甘肃省兰州市

续表

序号	编号	项目名称	申报地区或单位
16	Ⅲ－16	余杭滚灯	浙江省杭州市余杭区
17	Ⅲ－17	土家族摆手舞	湖南省湘西土家族苗族自治州
18	Ⅲ－18	土家族撒叶儿嗬	湖北省长阳土家族自治县
19	Ⅲ－19	弦子舞（芒康弦子舞、巴塘弦子舞）	西藏自治区 四川省巴塘县
20	Ⅲ－20	锅庄舞（迪庆锅庄舞、昌都锅庄舞、玉树卓舞）	云南省迪庆藏族自治州 西藏自治区 青海省玉树藏族自治州
21	Ⅲ－21	热巴舞（丁青热巴、那曲比如丁嘎热巴）	西藏自治区
22	Ⅲ－22	日喀则扎什伦布寺羌姆	西藏自治区
23	Ⅲ－23	苗族芦笙舞（锦鸡舞、鼓龙鼓虎－长衫龙、滚山珠）	贵州省丹寨县、贵定县、纳雍县
24	Ⅲ－24	朝鲜族农乐舞（象帽舞、乞粒舞）	吉林省延边朝鲜族自治州 辽宁省本溪市
25	Ⅲ－25	木鼓舞（反排苗族木鼓舞、沧源佤族木鼓舞）	贵州省台江县 云南省沧源佤族自治县
26	Ⅲ－26	铜鼓舞（文山壮族、彝族铜鼓舞）	云南省文山壮族苗族自治州
27	Ⅲ－27	傣族孔雀舞	云南省瑞丽市
28	Ⅲ－28	达斡尔族鲁日格勒舞	内蒙古自治区莫力达瓦达斡尔族自治旗 黑龙江省哈尔滨市
29	Ⅲ－29	蒙古族安代舞	内蒙古自治区库伦旗
30	Ⅲ－30	湘西苗族鼓舞	湖南省湘西土家族苗族自治州
31	Ⅲ－31	湘西土家族毛古斯舞	湖南省湘西土家族苗族自治州
32	Ⅲ－32	黎族打柴舞	海南省三亚市
33	Ⅲ－33	卡斯达温舞	四川省黑水县
34	Ⅲ－34	㑇舞	四川省九寨沟县
35	Ⅲ－35	傈僳族阿尺木刮	云南省维西傈僳族自治县
36	Ⅲ－36	彝族葫芦笙舞	云南省文山壮族苗族自治州
37	Ⅲ－37	彝族烟盒舞	云南省红河哈尼族彝族自治州
38	Ⅲ－38	基诺大鼓舞	云南省景洪市
39	Ⅲ－39	山南昌果卓舞	西藏自治区
40	Ⅲ－40	土族於菟	青海省同仁县
41	Ⅲ－41	塔吉克族鹰舞	新疆维吾尔自治区塔什库尔干塔吉克自治县

思考与练习

1. 你的家乡有哪些传统舞蹈？试用精语言简述其历史传承、保护现状、艺术特征等。篇幅为 3 ～ 5 页 PPT 文稿。

2. 上网搜索并观看京西太平鼓表演视频，试总结京西太平鼓舞蹈队形的特点，写出其音乐鼓点节奏。

第五章 传统戏剧

学习目标

知识目标

1. 掌握传统戏剧的特征和艺术价值。
2. 了解昆曲和京剧的音乐、文本、表演、舞台美术等方面的艺术特征。

技能目标

1. 能辨识昆曲和京剧等传统戏剧的角色行当。
2. 能绘制京剧脸谱，理解我国传统戏剧形神兼备的民族美学风格。

素质目标

通过欣赏和传承传统戏剧，培养以形写神、形神兼备的民族美学意识，提高美学修养。

传统戏剧是我国非物质文化遗产的重要组成部分，是中华民族民间艺术的瑰宝。传统戏剧指集唱、念、做、打为一体的成熟的传统戏曲艺术。传统戏曲艺术受不同地域、不同民族的语言、风俗、文化的影响形成了千姿百态的剧种，有着显著的民族性、地域性特点。本章以入选联合国教科文组织人类非物质文化遗产代表作名录的“昆曲”和“京剧”为例介绍传统戏剧的特征和价值。

第一节　传统戏剧概述

一、传统戏剧的特征

传统戏剧的特征

非物质文化遗产类型中的传统戏剧，指我国各族人民创造的传统戏曲艺术。戏曲艺术综合了文学、音乐、舞蹈、绘画、雕塑、武术等元素，舞台表演讲究唱、念、做、打，其角色行当主要分为生、旦、净、丑等类型。戏曲表演在舞台上不设置固定的场景，剧中情境一般要靠演员的语言和动作来体现，戏曲语言的叙述性和表演动作的虚拟性、程式性是戏曲表演的主要特色。戏曲舞台上的时间与空间的处理也体现出高度的灵活性。

我国戏曲的起源可追溯到上古的歌舞，经过汉、唐，直到宋、金才形成较完整的戏曲艺术形态。北宋末年温州一带产生的南戏，被认为是我国戏曲艺术最早的成熟形式。宋金时期我国北方形成了杂剧，演唱北曲，至元代，我国戏剧发展达到了创作与演出的繁盛时期。经过元、明、清艺术的交融和演变，加上各地语言与习俗、文化的差别，传统戏剧在各地演变为形形色色的声腔和剧种。我国戏曲艺术在宋金时期形成后，经历了南戏传奇、北曲杂剧、板腔体传统戏剧等几次音乐结构和剧本体制上的变化，先后产生过 390 多个剧种（据 20 世纪 80 年代的《中国戏曲志》统计）。2000 年后，据文化部（现为文化和旅游部）有关部门的资料统计，有专业剧团或业余剧团在舞台上演出的剧种仍然有 260 多种。尽管这些戏曲剧种唱腔不同、表演风格不同、所走的艺术道路不同，但它们都有一个共同的特征，即王国维先生概括的“以歌舞演故事”。不同戏曲剧种“以歌舞演故事”的这种共同特征，反映了我国各地各民族戏剧文化在共同的历史背景下，经过长期的相互影响、相互交融而形成的内在联系。

入选国家级非物质文化遗产名录的传统戏剧既有众多的汉民族戏曲剧种，如晋剧、豫剧、汉剧、徽剧，又有各少数民族的戏曲，如藏戏、傣剧；既有从宋金时期传承下来的古老剧种，如昆曲、弋阳腔，又有清末民国时期由民间小戏发展而成的新兴剧种，如黄梅戏、评剧、越调、沪剧；既有行当齐全、表演程序性较强的大戏剧种，如京剧、楚剧、粤剧、潮剧，又有在民间歌舞和民间说唱基础上形成的小戏剧种，如荆州花鼓戏、花灯戏、采茶戏；既有梆子声腔剧种，如秦腔、蒲州梆子、河北梆子等，又有皮黄声腔剧种，如宜黄戏、汉调二簧，还有多声腔剧种，如川剧、湘剧；既有自娱自乐的世俗戏剧，如高腔、秧歌戏，又有以祭祀和驱傩为目的的仪式剧，如傩戏、安顺地戏、锣鼓杂戏，还有由演员操纵皮影和木偶表演的皮影戏和木偶戏。到目前为止，入选了五批国家级非物质文化遗产名录的传统戏剧类项目共 171 项，其中昆曲、京剧、藏戏、粤剧、中国皮影戏等入选联合国教科文组织人类非物质文化遗产代表作名录。

我国传统戏剧除了“以歌舞演故事”这一不同于西方戏剧的基本特征外，从美学视角看，还具有综合性、程式性、虚拟性等艺术特征。

（一）综合性

我国戏曲艺术是一种高度综合的民族艺术。这种综合性不仅表现在它对各个艺术门类的融汇上，而且体现在它精湛深厚的表演艺术上。即各种不同的艺术要素与表演艺术紧密结合，通过演员的表演实现戏曲的全部功能。其中，唱、念、做、打在演员身上的有机融合，是戏曲综合性最集中、最突出的体现。唱，指唱腔技法，讲究“字正腔圆”；念，即念白，指朗诵技法，要求严格，所谓“千斤话白四两唱”；做，指做功，是身段和表情技法；打，指表演中的武打动作，是在我国传统武术基础上形成的舞蹈化武术技巧组合。这四种表演技法有时相互衔接，有时相互交叉，融合方式依剧情需要而定，统一为综合整体，体现出和谐之美。

（二）程式性

程式指对生活动作的规范化、舞蹈化表演及重复使用。程式是一种美的典范，是戏曲反映生活的表现形式，它直接或间接来源于生活，是按照一定的规范对生活进行提炼、概括、美化而形成的。戏曲表演中的关门、推窗、上马、登舟、上楼等，皆有固定的程式。除了表演程式外，戏曲在剧本形式、角色行当、音乐唱腔、化妆服装等各个方面都有一定的程式。优秀的艺术家能够突破程式的某些局限，创造出具有个性化的规范艺术。

（三）虚拟性

虚拟性是戏曲反映生活的基本手法，是戏曲最重要的艺术特征。戏曲的虚拟性首先表现为对舞台时间和空间的灵活处理，所谓“三五步行遍天下，六七人百万雄兵”“顷刻间千秋事业，方寸地万里江山”“眨眼间数年光阴，寸炷香千秋万代”，突破了西方歌剧的“三一律”与“第四堵墙”的局限。其次是在具体的舞台气氛调度和演员对某些生活动作的模拟方面，如刮风下雨、船行马步、穿针引线等，集中、鲜明地体现出戏曲的虚拟性特色。此外，戏曲脸谱也是一种虚拟的艺术表达方式。戏曲的虚拟性，是追求神似、以形写神的传统美学思想积淀的产物，是一种美的创造，它极大地解放了作家、舞台艺术家的创造力和观众的艺术想象力，提高了戏曲的审美价值。

二、传统戏剧的艺术价值

传统戏剧的艺术价值

（一）传统戏剧是民族民间艺术的瑰宝

我国戏曲艺术有着多样性的特点，剧种丰富，基本上每一个地区、每一个民族都有本地本民族群众喜爱的戏曲剧种，而且在有的地区和民族之内，还形成了若干个剧种。戏曲以其多姿多彩、千变万化的艺术造型，各具特色的地方唱腔，深受百姓喜爱，尤其是一些经典剧目，如《西厢记》《牡丹亭》《梁山伯与祝英台》《天仙配》《白蛇传》《花木兰》，以及三国戏、水浒戏、杨家将戏、岳家将戏等群众耳熟能详、喜闻乐见的优秀剧目，其故事情节、精彩片段及一些剧目中塑造的英雄形象千百年来为人们所传诵，艺术魅力经久不衰，是中华民族文化艺术的瑰宝。

（二）传统戏剧是宣传优秀传统文化的艺术典范

传统戏剧的故事情节大多取材自古典文学，以及一些长期流传在民间的传说、演义故事，如杨家将的故事、包公的故事，倡导真善美、贬斥假恶丑，提倡以“人”“仁”为核心的民族精神，尊重和谐的处世理念，成为宣扬中华优秀传统文化的典型艺术形态。

（三）传统戏剧是对外传播中国传统文化的重要手段

传统戏剧中的昆曲、藏戏、粤剧、京剧、中国皮影戏等先后被联合国教科文组织列为人类非物质文化遗产代表作，标志着中国传统戏剧的价值得到了世界的公认，成为全世界人民共同的非物质文化财富。

在世界古典戏剧中，除了中国的昆曲唱腔以外，其他相对独立的唱腔如古希腊戏剧、印度梵剧等戏曲艺术的演出唱腔都已部分失传，目前只有昆曲还活跃在舞台上，展现了中华民族文化的无限魅力。在国际舞台上，京剧是东方戏剧表演体系的代表，以梅兰芳的名字命名的梅兰芳表演体系与斯坦尼斯拉夫斯基表演体系及布莱希特表演体系并称为世界三大表演体系，是我国传统文化对世界非物质文化遗产宝库的杰出贡献之一。我们要传承发展昆曲、京剧等具有中华民族独特精神标识的传统文化，把这些跨越时空、超越国界、富有永恒魅力、具有当代价值的文化形式发扬光大。

第二节　昆　曲

项目名称：昆曲[①]

2001年入选联合国教科文组织第一批人类口头和非物质遗产代表作

2006年5月入选第一批国家级非物质文化遗产名录

类别：传统戏剧

申报地区或单位：中国艺术研究院、江苏省、浙江省、上海市、北京市、湖南省

编号：Ⅳ-1

一、昆曲概述

昆曲概述

昆曲，又称昆剧、昆腔、昆山腔，是中国最古老的剧种之一。昆曲早在元朝末期便产生于苏州昆山一带，它与起源于浙江的海盐腔、余姚腔和起源于江西的弋阳腔，被称为“明代四大声腔”，同属南戏系统。昆曲糅合了唱念做打、舞蹈及武术等，以曲词典雅、行腔婉转、表演细腻著称，被誉为“百戏之祖”“百戏之师”。

昆曲起源于民间的清曲、小唱，其流布区域开始只限于苏州一带。明代嘉靖、

① 江苏省昆山市昆曲博物馆.

隆庆年间，被后人尊为“乐圣”的魏良辅借鉴江南民间小调，对早期曲调过于简单、平直的昆山腔进行了全面的改革；同时，北曲名家张野塘将北曲中的伴奏乐器三弦、笙、笛子、琵琶等糅在了南曲之中，整合出一种不同于以往的新式曲调，称为“水磨调”，这一优美的曲调很快在江浙地区传播开来。明代戏曲作家、精通诗词音律的梁辰鱼在“水磨调”的基础上，同一批民间艺人一起创作出了中国第一部昆剧《浣纱记》，从此拉开了中国昆剧史的帷幕。

明代晚期，昆曲演出进入宫廷，成为供皇帝娱乐的一种新形式。与此同时，昆曲也突破了地域限制，在北方得到了广泛传播，从明朝天启年间到清朝康熙末年这 100 年左右是其鼎盛时期。“四方歌者，必宗吴门”，昆曲从“水磨调”诞生到鼎盛时期，引领戏剧舞台近 200 年。这 200 年间出现了许多优秀的剧作家，特别是在文人士大夫参与创作后，出现了很多脍炙人口的名作，最有代表性的有汤显祖的《牡丹亭》、洪昇的《长生殿》、李玉的《清忠谱》以及孔尚任的《桃花扇》等。由于这些作品文学底蕴深厚、音乐表演细腻，为许多剧种提供了养分，因此后人称昆曲为“中国戏曲之母”。

昆曲在发展过程中，因传播地域的不同，又分化为南昆（南曲）和北昆（北曲）。其中，在苏南浙北一带流行传唱，以苏州白话为主的被称作南昆（南曲）；而在北京和河北部分地区（如保定等地）流行传唱，以大都韵白和京白为主的则被称为北昆（北曲）。南曲的特点是婉转柔美，擅长表现才子佳人的爱情；北曲则豪放激越，擅长表现金戈铁马的英雄人物。因此，南曲多文戏，北曲则多武戏。

无锡惠山泥人——《牡丹亭·惊梦》人物

昆曲词美、曲美、服饰美、表演美，2001 年 5 月 18 日，联合国教科文组织在巴黎宣布昆曲入选第一批人类口头和非物质遗产代表作。在昆曲几百年的历史中，迭经顾坚奠基、魏良辅革新、梁辰鱼填词、汤显祖筑梦……每一步前行，都把昆曲推向一个新阶段，于起承转合中不断丰富着昆曲的美学意义。文运与国运相牵，文脉与国脉相连。近现代以来，昆曲发展历经坎坷，新中国成立前，甚至濒临衰亡。新中国成立之后，党和政府对昆曲进行了大力扶持，出台了《关于支持戏曲传承发展的若干政策》，为昆曲的发展和传承注入了新的生机和活力。今天，全国共有八大昆剧院团，分别是（按剧团成立时间排序）：浙江昆剧团、江苏省苏州昆剧院、永嘉昆剧团、上海昆剧团、北方昆曲剧院、湖南省昆剧团、江苏省演艺集团昆剧院、昆山当代昆剧院。在新时代的召唤下，八大昆剧院团传承弘扬昆曲艺术，出人出戏，焕发出勃勃生机。

昆曲表演剧照

传承故事

《十五贯》的故事

20 世纪 50 年代，《十五贯》被改编为昆曲，并成为昆曲的代表性作品。1956 年 1 月，由浙江国风昆苏剧团表演的昆剧《十五贯》在杭州登台亮相。1956 年 4 月，《十五贯》进京演出，以高度的思想性和艺术性轰动全国。毛泽东先后两次观看了演出，他对该剧的编创极为赞赏，并且做出了“要推广此剧目”的明确指示。周恩来也观看了演出，盛赞《十五贯》是“改编古典剧本的成功典型”。1956 年 5 月 18 日，《人民日报》发表了田汉执笔的社论《从“一出戏救活了一个剧种”谈起》，称赞昆曲《十五贯》是贯彻“百花齐放、推陈出新”戏曲改革方针的良好榜样，古老的昆曲开始焕发新生。

《十五贯》的成功演出为昆曲振兴提供了新的契机，在中央到地方各级政府的关怀下，昆曲得到格外的重视，上海、苏州、南京、北京、浙江、湖南等地先后成立了昆曲剧院，各地都培养了一批昆曲接班人，如浙江昆剧团培养的“世字辈”“盛字辈”，江苏省苏昆剧团培养的“继字辈”“承字辈”，上海戏曲学校招收的“昆大班”“昆小班”。各地昆剧院团纷纷成立，昆剧艺术进入了一个新的历史发展时期。

二、昆曲的艺术特征

昆曲的艺术特征

昆曲是中国戏曲中具有完整表演体系的剧种之一，它的基础深厚、遗产丰富。昆曲艺术包括四个方面：音乐、文本、表演和舞台美术。这四个方面服从于一个美学原则，白先勇先生把它总结成八个字：抽象、写意、抒情、诗化。通过写意，演员在舞台上创造出诗一般的艺术意境，形成了歌舞合一、唱做并重的昆曲表演风格。

（一）音乐特征

昆曲艺术的特征首先表现在音乐上。我国传统剧种在音乐体系上可分为板腔体和曲牌体，以京剧为代表的众多剧种属于板腔体，以昆曲为代表的极少数剧种属于曲牌体，现在昆曲曲牌能够在舞台上运用的只有约 200 支。

曲牌是由词发展而来的，昆曲曲牌音乐的基本创作方法是“依字行腔”，曲牌的牌名和文辞格律都有严格的规定。昆曲的曲牌分为南曲和北曲，南曲和北曲有不同的规范。演唱用北曲的套路，称为“北套”；演唱用南曲的套路，则称为“南套”。比如《西厢记》全部都用北曲来演唱，《牡丹亭》则基本用南曲来演唱。也有一些戏是“南北合套”，有着严谨的格律。

昆曲的场面分为文场和武场两类。文场指演奏吹、拉、弹等丝竹乐器，其主要功能是完成伴奏旋律；武场指演奏各种打击乐器，其主要功能是掌控演出节奏，烘托舞台气氛。

（二）文本特征

昆曲的曲词高雅、文学性强。昆曲中的许多剧本，如《牡丹亭》《长生殿》《桃花扇》等，都是古代戏曲文学中的不朽之作。昆曲曲词是代言体，是元曲在明代

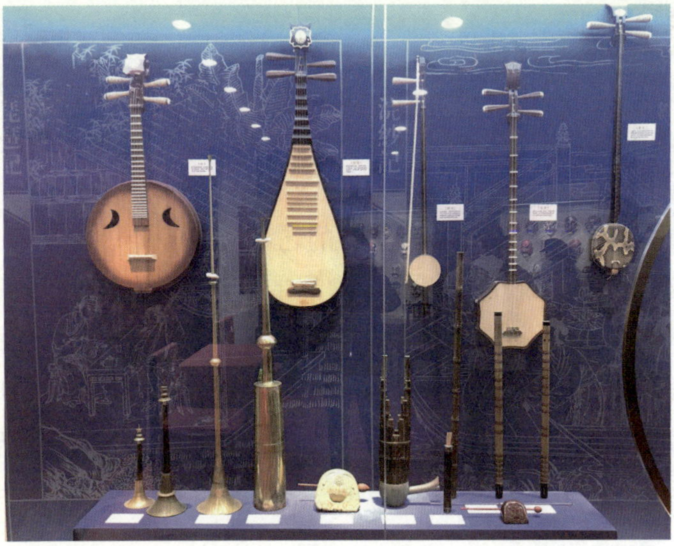

文场

武场

的延伸与发展。昆曲曲词以塑造人物形象为宗旨，是综合的、立体的、具象的艺术，具有文学联想与视听可感的综合效果。

昆曲曲词以抒发情感见长，常以情景交融为手法，营造诗情画意的意境。如《牡丹亭》中，杜丽娘一见花园景色，就说："不到园林，怎知春色如许！"拘谨在春闺的小姐，平日连花园也不准许去，一到花园，见如此春光，引发无穷感触，在自怨自艾的情绪中，婉转而唱："原来姹紫嫣红开遍，似这般都付与断井颓垣。良辰美景奈何天，赏心乐事谁家院？朝飞暮卷，云霞翠轩，雨丝风片，烟波画船。锦屏人忒看的这韶光贱。"美好的文字细致微妙地描绘出人物内心的哀怨。

（三）表演特征

昆曲有完整独立的表演艺术体系，内容丰富，内涵深邃，它是从古代流传下来的比较纯粹的古典艺术，不仅融汇了中国戏曲表演的方法和手段，而且蕴含着中国艺术哲学的精神。昆曲经过长期的舞台积淀，形成了歌、舞、科、白等表演手段，创造性地积累了唱曲与歌舞相结合的艺术经验。

昆曲从表演到化妆、服饰、舞台美术都带有程式化的特点，用程式化的独特艺术语汇来再现生活。丫鬟在平地上踩出一串活泼的碎步表示已经上了楼，书生在椅子上闭眼假睡片刻表示过了一夜……所有这些经过艺术加工的程式化表演动作，配合着音乐节奏，变成了一种具有象征意味的特殊语言，一种具有明确指向的表演符号。

（四）舞台美术特征

昆曲的舞台美术由道具、化妆、服饰三个部分组成。

1. 道具

昆曲舞台基本道具是一桌二椅（或二桌四椅、三桌六椅），具有中性道具的性质。一桌二椅对生活中的桌椅进行了变形处理，它们具备桌椅的基本形状，又不同于现实生活中的家具，线条结构简单，由直线和 90 度角构成，没有装饰用的凹凸边线、构件，四角处也不做圆角处理。一桌二椅经过组合摆放，可表示高山、桥梁，也可表示窑门、柴扉、织机、井圈等。

2. 化妆

昆曲面部化妆分为俊扮与丑扮两大类。俊扮为生、旦行所使用，丑扮为净、丑行所使用。俊扮又分清水脸、淡妆、艳妆三种，其面部化妆手法单纯精练，除了头发的处理外，面部仅画眉毛、眼圈，涂脂粉，不画阴影，极少画纹理。戏曲俊扮化妆不强调性格化，只按人物年龄、身份等做类型化处理，人物的性格全凭演员的表演来完成，也称为中性化妆。丑扮是涂面化妆，指将人的五官及面部纹理做图案化夸张描绘，分为勾脸、抹脸及揉脸三大类。

3. 服饰

昆曲戏衣（含盔、帽、靴、鞋）有三类：一类为公服，即按制度规定，各级文武官员上朝、升堂或执行公务时所穿的衣服；二类为便服，即贵族燕居在家的常服，或平民所穿的衣服；三类为胡服，即少数民族、外国人穿的衣服。昆曲舞台穿戴大体按明代制式。在封建时代，服饰的色彩、用料等均有等级规定，作为现实生活的反映，昆曲舞台角色戏衣的穿戴也有“宁穿破不穿错”的守则。昆曲以定型配套的行头搭配运用，表现上下数千年的历史故事。

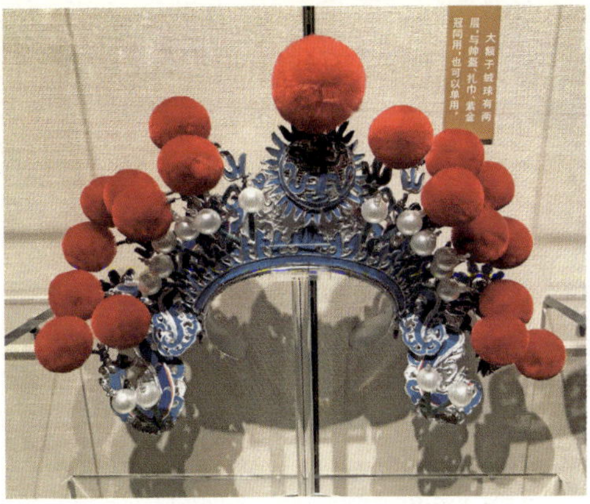

头饰——装球大额子

头饰——点翠头面

延伸阅读

汤显祖（1550—1616 年），明代戏曲家，字义仍，号海若，江西临川（今江西抚州）人。在戏曲创作方面，他主张“言情”“以意趣神色为主”，表现人情、人格和作家个性。汤显祖一生创作了《还魂记》（又名《牡丹亭》）、《南柯记》、《邯郸记》、《紫钗记》四部传奇。因为这四部传奇当中都有梦的场面，所以又被称为“临川四梦”。其中《牡丹亭》是昆曲舞台上最具代表性的作品之一，对昆曲的发展产生了重要影响。《牡丹亭》在艺术上有着相当高的成就，结构巧妙奇特。作者在具体安排故事情节时，采用了现实与虚拟相结合的手法，在揭露封建礼教对杜丽娘的束缚与管制时采用了写实的手法，同时，描写现实生活中真实的情景，反映了封建礼教与封建势力的残酷与虚伪；在表现杜丽娘为追求自己理想的爱情而斗争时，作者发挥了浪漫主义想象，设置“梦幻”和“魂游”的情节，让杜丽娘能够摆脱封建礼教的束缚，实现自己的爱情追求。这两种手法在剧作中紧密结合、交替使用。良辰美景、赏心乐事、云霞翠轩、朝飞暮卷，汤显祖化用了唐代王勃《滕王阁序》中的语句，写景抒情的语言绚丽多彩。

《牡丹亭》海报

第三节　京　剧

项目名称：京剧[①]
2006 年 5 月入选第一批国家级非物质文化遗产名录
2010 年入选联合国教科文组织人类非物质文化遗产代表作名录
类别：传统戏剧
申报地区或单位：中国京剧院、北京市、天津市、辽宁省、山东省、上海市
编号：Ⅳ－28

京剧概述

一、京剧概述

京剧又称平剧、京戏，是中国影响最大的戏曲剧种，流行于全国，有 200 年左右的历史。清代乾隆年间四大徽班进京演出，与湖北的汉调艺人合作，相互影响，兼收了昆曲、秦腔部分剧目的曲调和表演方法，还借鉴了一些民间曲调，逐渐形成了完整的艺术风格和表演体系——京剧。京剧吸收了各个剧种和其他艺术的精华，名角辈出，流派纷呈，气势恢宏，成就显著，影响甚广，有“国剧”之称，是中华民族戏曲的代表。

清代乾隆、嘉庆年间，社会稳定，生产力发展，工商业兴盛，城市繁荣，百姓安居乐业。北京是当时的政治、经济、文化中心，小说、评书、戏曲在民间盛行，上至王公贵族、下至普通百姓都喜欢看戏，这为戏曲发展提供了合适的环境。

南方的徽调形式多样，声腔上既有二黄腔，又有弋阳腔、昆腔等，且剧目题材广泛，表演风格淳朴，贴近民众生活，在发展的过程中，逐渐形成了几大徽班——三庆、四喜、春台、和春等。自清代乾隆五十五年（1790 年）起，徽调的三庆班进京为皇帝祝寿，此后各大徽班陆续进京演出，徽调在和秦腔、昆腔等合演的过程中，博采众长，兼收并蓄。

到了道光年间，徽调逐渐与来自湖北的汉调融合，二者在唱腔、表演等方面十分类似。汉调流行于湖北，其声腔中的西皮等调与徽调有着血脉联系。徽班在与汉调演员搭班后将其唱腔、表演技巧融入徽调之中，使徽调唱腔日臻完善。汉调的特点是重唱功和做功，以生角为主，改变了徽调以旦角为主的阵容。徽、汉二者合流，极大地吸引了观众，提高了观众的审美情趣，为京剧的诞生奠定了基础。

各大戏班在进京四五十年的时间里，相互融合、借鉴、吸收，唱腔彼此交融。

① 中国国家京剧院和梅兰芳纪念馆.

徽调不断调整唱腔结构，逐渐以二黄、西皮为主，曲词转为以北京语言为中心，取长补短，不断完善。在道光、咸丰年间，徽调完成了向皮黄的转变，形成了当时最受欢迎的戏曲剧种，行当以生、旦、净、丑为主，曲目主要表现宫廷生活和历史故事，百家合流，终成京剧。

京剧以历史故事为主要演出内容，传统剧目有1 300多个，常演的在400个以上，其中《玉堂春》《打渔杀家》《空城计》《贵妃醉酒》《野猪林》《霸王别姬》《四郎探母》等剧家喻户晓，为广大观众所熟知。新中国成立后，京剧改编、移植、创作了一些新的历史剧和现代题材作品，著名的有《杨门女将》《沙家浜》《红灯记》《智取威虎山》等。

京剧有“京派”和“海派”之分，不同时期出现过许多优秀的演员，如清末的程长庚、余三胜、张二奎、梅巧玲、谭鑫培、孙菊仙、汪桂芬、刘鸿声、田桂凤、余紫云、陈德霖、王瑶卿等，民国年间的余叔岩、言菊朋、高庆奎、马连良、杨宝森、梅兰芳、程砚秋、荀慧生、尚小云、周信芳、金少山等。

京剧在约200年的时间里跌宕起伏，不断进取，不断突破，在我国传统文化的发展史上留下了浓墨重彩的一笔。京剧是中华民族传统文化的重要表现形式，其多种艺术元素被用作传统文化的象征符号。京剧不仅全国流行，还走遍世界各地，是东方戏剧表演体系的代表，成为介绍、传播我国传统文化的重要媒介。2010年，京剧入选了联合国教科文组织人类非物质文化遗产代表作名录，成为全世界人民共同的文化财富。京剧艺术博大精深、源远流长，展现了中华民族文化艺术的无限魅力。

传承故事

余三胜的进取人生

余三胜（1802—1866年），清代京剧演员，本名开龙，字启云，湖北罗田人。原为汉调演员，道光前期进京，先后搭广和成、春台班等徽班演唱。道光中期与程长庚、张二奎被誉为“老生三杰”“三鼎甲”，同为京剧创始人。

余三胜一生坎坷，在对戏曲艺术的不懈追求中，他将汉调西皮和徽调二黄合二为一，加以革新，创造出皮黄新声，为京剧的诞生奠定了基础。余三胜开拓出京剧音乐的新领域，丰富了京剧唱腔的旋律性，当时有“时曲巨擘”“老生中之不祧祖”之誉。京剧中的“湖广音”也始自余三胜。

改变徽剧以老生为主。余三胜遵循艺术创造的规律，也回应时代和社会的进步要求，对徽剧进行革新创造，开创徽剧以旦角为主转为以老生为主的局面，提高了戏剧舞台反映生活的能力，发展了徽剧声腔和表演技艺。

改革皮黄声腔曲调。其一，丰富徽调声腔旋律。余三胜在汉调皮黄和徽戏二黄腔调的基础上，吸收了昆曲、秦腔等的特点，逐渐创造出抑扬婉转、流畅动听的京剧唱腔。他通过丰富的艺术表演实践，不断摸索创新，在徽、汉合流的过程中，丰富其声腔旋律，为京剧的形成做出了重要的贡献。其二，使唱腔板式更为完备。根据剧情和人物感情变化的需要，在一出戏中或先唱二黄，后唱西皮，或此用原板，而彼用快板，不仅在演唱上灵活多变，而且逐渐形成了一套既符合生活规律，又能细致地揭示人物感情的变化，富有音乐美感的唱腔结构程式。余三胜在声腔曲调上为京剧剧种的形成创造了条件。

为了纪念余三胜为京剧艺术做出的巨大贡献，如今在湖北省罗田县，设有余三胜大道；在其出生地罗田县九资河镇，建有余三胜纪念馆和梅葆玖先生亲笔题名的余三胜文化广场，还有余三胜茶楼、余三胜剧院等多个公共文化活动场所。

梅兰芳的艺术人生

梅兰芳，中国京剧表演大师。他不断创造革新，将诸多艺术领域的创作思想融入京剧艺术舞台表演之中，发展和提高了京剧旦角的演唱和表演艺术，形成了一个具有独特风格的艺术流派，世称“梅派”，影响很大。其中最能体现梅派艺术的代表剧有《霸王别姬》《贵妃醉酒》《穆桂英挂帅》等。

1894 年 10 月 22 日，梅兰芳出生在北京前门外李铁拐斜街的一个梨园世家，8 岁学戏，9 岁师从吴菱仙，11 岁登台，后搭喜连成科班借台习艺。1912 年，他与“伶界大王”谭鑫培合演《桑园寄子》，在北京的舞台上崭露头角。1913 年，他首次赴上海演出，第一次演大轴戏《穆柯寨》，受到上海观众的欢迎和喜爱，大放异彩。

青年梅兰芳在学习京剧传统剧目的同时还致力于昆曲的复兴，继承传统的同时对京剧中存在的弊端加以改良，发掘传统的唱腔，如“反四平”的运用，在伴奏中加入二胡，在舞台中使用灯光，在舞台、服饰、化妆、剧目等方面进行了大胆的改革和创新，使京剧旦角表演艺术在不断的更新中日臻成熟和完善。20 世纪二三十年代，梅兰芳继承并发展了梅派艺术，被《顺天时报》《戏剧月刊》等媒体评为四大名旦之首。当时的男旦艺术在京剧史上出现了“梅尚程荀”（梅兰芳、尚小云、程砚秋、荀慧生）四大名旦，这是京剧走向兴盛的重要标志。

在抗日战争时期，梅兰芳罢歌歇舞，蓄须明志，收徒传艺。为了维持生活，梅兰芳以鬻画勉强自给，直至战争结束，重返舞台，表现出崇高的民族气节。

别小瞧这一小撮胡子，不久的将来，可能会有用处。日本人假定蛮不讲理，硬要我出来唱戏，那么，坐牢、杀头，也只好由他。如果他们还懂一点礼貌，这块挡箭牌，就多少起点作用。

——梅兰芳

20世纪50年代梅兰芳在《贵妃醉酒》中饰演杨玉环

新中国成立后，梅兰芳重新焕发了艺术青春。他积极参加各项社会活动，多次受到中央领导人的接见。他先后当选为全国人民代表大会代表、中国人民政治协商会议全国委员会常务委员等，1959年加入了中国共产党。晚年的梅兰芳仍然活跃在京剧舞台上，经常率团到各地巡回演出。1959年，作为新中国成立十周年的献礼，梅兰芳编演了他的最后一出剧目《穆桂英挂帅》。1961年，梅兰芳因病在北京逝世。2019年，梅兰芳被评选为“最美奋斗者”。

梅兰芳的艺术造诣炉火纯青、臻入胜境，其代表作有《霸王别姬》《宇宙锋》《游园惊梦》《贵妃醉酒》《穆桂英挂帅》《战蒲关》《女起解》《汾河湾》《抗金兵》《生死恨》等。

延伸阅读

美丽的虞姬

20世纪20年代，梅兰芳古装新戏《霸王别姬》创排，一俟登台，便盛演不衰，先后演出千余场，成为梅派最经典的剧目之一。作为梅派经典剧目，《霸王别姬》在台上展现了无与伦比的艺术之美，其幕后则凝聚了梅兰芳及其团队的艺术思考和追求。

虞姬装扮图

在《霸王别姬》中，虞姬具有优美动人、清俊秀气、雍容娴雅的外在气质，以及坚强果敢、心怀大局的内在品质，与独特的服饰搭配在一起，展现出了特有的和谐美感。梅兰芳先生曾经在《霸王别姬》的演出本中详细地记录了虞姬的服装扮相：虞姬梳“古装头”，头戴“如意冠”，白色绣马面裙，圆领半肥袖明黄色上衣，身穿鱼鳞甲，外披斗篷，腰系宝剑，形象新颖。

京剧的传统发髻是梳在脑后的“大头”，为了更符合故事的时代，梅兰芳借鉴了绘画《麻姑献寿图》中的人物造型，以及古代仕女和敦煌壁画中的歌舞扮相，为虞姬这个角色设计了“古装头”。“古装头”是梳在头顶的古装发髻，并且在头上戴上“如意冠”，“如意冠”以帝王冕旒为原型，上有如意形状的“延”，前后有

“旒”，四面珠串垂饰，饰有莲花、葵瓣等纹样，三层珠花分明。“如意冠”既能显示出王妃的尊贵，又能体现出虞姬渴望和平的心愿。

如意冠

鱼鳞甲

明黄上衣

斗篷

传统京剧旦角服饰宽大，无法凸显女性的身材和线条，梅兰芳先生为虞姬设计了独特的“古装戏衣”，裁剪合身的短上衣和束紧的腰部体现出了女性的柔美感。采用古代皇室专用的黄色衣料，这也是虞姬身份的象征。古装戏衣外穿着“鱼鳞甲”，表现出虞姬是一个文武双全的女子，身穿铠甲随着楚霸王项羽出征，“鱼”与“虞”字同音，切合人物身份和性格特征。鱼鳞甲外披着斗篷，斗篷上的图案有锦鸡和花卉，锦鸡与虞姬的“姬”字同音，暗示着虞姬对楚霸王项羽的忠诚，还有鸳鸯和芦苇的图案，烘托出了霸王别姬的悲伤情绪。

梅兰芳先生为虞姬独创的装束，不仅展现了虞姬的外在形象，也在潜移默化中传递了中国传统文化，让观众对虞姬这个人物印象深刻，成为《霸王别姬》的点睛之笔。

二、京剧的艺术特征

京剧的艺术特征

京剧艺术博大精深，在音乐和表演、行当、舞台美术等方面，都有一套规范化的艺术表现程式，具有规范性、程式化、虚拟性、象征性、夸张性等特征。

（一）音乐和表演

京剧音乐主要是板腔体，唱腔以徽调的二黄和汉调的西皮为主，因此京剧旧时也称“皮黄”。除了二黄、西皮之外，京剧唱腔里还常用南梆子、四平调、高拨子和吹腔。京剧唱腔基本上都是上下句结构形式。

京剧的伴奏和配乐，分文场和武场。文场以弦乐器京胡为主，加上京二胡、月琴和小三弦（俗称“四大件”），另有笛、笙、唢呐、海笛等，为唱腔伴奏，还演奏曲牌音乐；武场主要是打击乐器，以鼓板为主，另有小锣、大锣、铙钹、水钹、堂鼓、大铙、星子（碰钟）等。

京剧在表演上歌舞并重，融合武术技巧，多用虚拟性动作，节奏感强，念白具有音乐性，形成了中华民族戏曲“唱、念、做、打”四者有机结合的艺术体系，对各个地方剧种影响很大。

（二）行当

京剧角色分为生、旦、净、丑四大行当。各行当内部还有更细的划分，如生分小生、老生、武生、红生、娃娃生，旦分正旦、小旦、花旦、老旦、武旦、彩旦等。品貌或性格特异的男子称净，净又分正净、黑净、副净、武净。诙谐或邪恶的男子称丑，也叫小花脸，各种诙谐人物叫文丑，擅长武艺者称武丑。各行当都有一套表演程式，唱、念、做、打技艺各具特色。

（三）舞台美术

京剧舞台美术由道具、化妆、服饰三个部分组成。

1. 道具

京剧的大小道具与装置，是京剧解决表演与实物矛盾的特殊产物，是有意识地区别于生活的自然形态之物，和昆曲一样，基本道具也是一桌二椅，具有中性道具的性质。

一桌二椅

中国国家京剧院展陈道具

京剧中将道具统称为砌末，京剧舞台上的砌末包括生活用具（如烛台、灯笼、扇子、手绢、文房四宝、茶具、酒具等）、交通用具（如轿子、车旗、船桨、马鞭等）、武器（又称刀枪把子，如各种刀、枪、剑、斧、锤、鞭、棍、棒等），以及表现环境、点染气氛的种种物件等。演员上场以前，砌末只是一种抽象的摆设。京剧景物妙在似与不似之间。

现代京剧《红灯记》道具

2. 化妆

京剧化妆是演员为了美化和突出面部表演效果所做的装扮。生、旦行当的化妆，施脂粉并对眉、眼、鼻、口进行描画，有助于强化演员的面部表情，表现出人物的精神面貌，使演员的面部更加符合美的造型要求。净、丑行当的化妆，以夸张浓烈的色彩和变幻无穷的线条来改变演员的本来面目，表现不同的人物性格和形象。京剧化妆在勾画形式上形成了一定的规矩，称“脸谱”。

京剧脸谱谱式主要有整脸、三块瓦脸、十字门脸等三种，此外还有碎脸、歪脸、丑角脸等谱式。脸谱的勾画方法主要分为三类：揉脸、抹脸、勾脸。脸谱有红、黑、黄、蓝、白等几种基础颜色，每一种颜色都具有特定的象征意义，代表着不同的人物性格特征。红色脸谱表示人物忠勇侠义的性格，如关羽；黑色脸谱表示人物直爽刚毅、勇猛而智慧的性格，如包拯；白色脸谱表示人物野心勃勃、阴险狡诈的性格，如曹操；黄色脸谱表示人物勇猛而暴躁、剽悍又凶残的性格，如典韦；蓝色脸谱表示人物刚毅、骁勇的性格，如窦尔敦。

京剧脸谱是重要的表演辅助手段之一，具有强烈的象征性和夸张性。脸谱以角色人物为载体，通过极具吸引力的视觉符号来向观众传递传统文化中的一些价值观和道德观。脸谱最初的作用，只是夸大剧中角色的五官部位和面部的纹理，用夸张的手法表现剧中人物的性格、心理和生理上的特征，为整个戏剧的情节服务，发展到后来，脸谱由简到繁、由粗到细、由表及里、由浅到深，逐渐成为一种具有民族特色、以人的面部为表现手段的图案艺术。

京剧脸谱

3. 服饰

京剧服饰称为“行头”。京剧行头以明代服制为主要样式变化而成。京剧在穿戴上有较为严格的程式规范，有“宁穿破不穿错”的准则。盔头，是人物头上所戴冠、盔、巾、帽等的总称。戏衣，是人物所穿蟒、靠、褶、帔、衣的总称。戏鞋，是人物所穿靴、鞋的总称。

延伸阅读

关羽形象

京剧中关羽的造型是枣红色的脸谱，头戴夫子巾，身穿绿靠，脚蹬关公厚底鞋，手持青龙偃月刀。绿色是中性色，与红色互为补色，表现出关公碧血丹心、赤胆忠心的人物性格。关羽的脸谱和服饰很好地体现了人物外表和内心的统一，衬托出一个人格完整、身份较高的正派人物形象。

夫子巾正、背面

青龙偃月刀

绿靠

关公厚底鞋

相关链接

1. 传统戏剧入选国家级非物质文化遗产名录的标准

第一，在一定地区中长期流传，具有独特的历史和文化价值；

第二，在唱腔、表演、剧目等方面具有鲜明的特点；

第三，影响较大，生存发展面临困境或濒临消亡。

2. 入选第一批国家级非物质文化遗产名录的传统戏剧（见表 5－1）

表 5－1 入选第一批国家级非物质文化遗产名录的传统戏剧（92 项）

序号	编号	项目名称	申报地区或单位
1	Ⅳ－1	昆曲	中国艺术研究院、江苏省、浙江省、上海市、北京市、湖南省
2	Ⅳ－2	梨园戏	福建省泉州市
3	Ⅳ－3	莆仙戏	福建省莆田市
4	Ⅳ－4	潮剧	广东省汕头市、潮州市
5	Ⅳ－5	弋阳腔	江西省弋阳县
6	Ⅳ－6	青阳腔	安徽省青阳县 江西省湖口县
7	Ⅳ－7	高腔（西安高腔、松阳高腔、岳西高腔、辰河高腔、常德高腔）	浙江省衢州市、松阳县 安徽省岳西县 湖南省辰溪县、泸溪县、常德市
8	Ⅳ－8	新昌调腔	浙江省新昌县
9	Ⅳ－9	宁海平调	浙江省宁海县
10	Ⅳ－10	永安大腔戏	福建省永安市
11	Ⅳ－11	四平戏	福建省屏南县、政和县
12	Ⅳ－12	川剧	四川省、重庆市
13	Ⅳ－13	湘剧	湖南省衡阳市
14	Ⅳ－14	广昌孟戏	江西省广昌县
15	Ⅳ－15	正字戏	广东省陆丰市
16	Ⅳ－16	秦腔	陕西省
17	Ⅳ－17	汉调桄桄	陕西省汉中市
18	Ⅳ－18	晋剧	山西省
19	Ⅳ－19	蒲州梆子	山西省临汾市、运城市
20	Ⅳ－20	北路梆子	山西省忻州市
21	Ⅳ－21	上党梆子	山西省晋城市
22	Ⅳ－22	河北梆子	河北省
23	Ⅳ－23	豫剧	河南省

续表

序号	编号	项目名称	申报地区或单位
24	Ⅳ－24	宛梆	河南省内乡县
25	Ⅳ－25	怀梆	河南省沁阳市
26	Ⅳ－26	大平调	河南省濮阳县、滑县、延津县
27	Ⅳ－27	越调	河南省周口市
28	Ⅳ－28	京剧	中国京剧院、北京市、天津市、辽宁省、山东省、上海市
29	Ⅳ－29	徽剧	安徽省、黄山市、江西省婺源县
30	Ⅳ－30	汉剧	湖北省武汉市
31	Ⅳ－31	汉调二簧	陕西省安康市
32	Ⅳ－32	泰宁梅林戏	福建省泰宁县
33	Ⅳ－33	闽西汉剧	福建省龙岩市
34	Ⅳ－34	巴陵戏	湖南省岳阳市
35	Ⅳ－35	荆河戏	湖南省澧县
36	Ⅳ－36	粤剧	广东省文化厅 香港特别行政区民政事务局 澳门特别行政区文化局 广东省广州市、佛山市
37	Ⅳ－37	桂剧	广西壮族自治区
38	Ⅳ－38	宜黄戏	江西省宜黄县
39	Ⅳ－39	乱弹	浙江省台州市、浦江县
40	Ⅳ－40	石家庄丝弦	河北省石家庄市
41	Ⅳ－41	雁北耍孩儿	山西省大同市
42	Ⅳ－42	灵丘罗罗腔	山西省灵丘县
43	Ⅳ－43	柳子戏	山东省
44	Ⅳ－44	大弦戏	河南省滑县、濮阳县
45	Ⅳ－45	闽剧	福建省福州市
46	Ⅳ－46	寿宁北路戏	福建省寿宁县
47	Ⅳ－47	西秦戏	广东省海丰县
48	Ⅳ－48	高甲戏	福建省泉州市、厦门市
49	Ⅳ－49	碗碗腔（孝义碗碗腔）	山西省孝义市
50	Ⅳ－50	四平调	河南省商丘市、濮阳市
51	Ⅳ－51	评剧	天津市宝坻区 河北省滦南县 辽宁省沈阳市
52	Ⅳ－52	武安平调落子	河北省武安市

续表

序号	编号	项目名称	申报地区或单位
53	Ⅳ－53	越剧	浙江省、上海市
54	Ⅳ－54	沪剧	上海市
55	Ⅳ－55	苏剧	江苏省苏州市
56	Ⅳ－56	扬剧	江苏省扬州市
57	Ⅳ－57	庐剧	安徽省合肥市、六安市
58	Ⅳ－58	楚剧	湖北省
59	Ⅳ－59	荆州花鼓戏	湖北省潜江市
60	Ⅳ－60	黄梅戏	安徽省安庆市 湖北省黄梅县
61	Ⅳ－61	商洛花鼓	陕西省商洛市
62	Ⅳ－62	泗州戏	安徽省宿州市、蚌埠市
63	Ⅳ－63	柳琴戏	山东省枣庄市
64	Ⅳ－64	歌仔戏	福建省漳州市、厦门市
65	Ⅳ－65	采茶戏（赣南采茶戏、桂南采茶戏）	江西省赣州市 广西壮族自治区博白县
66	Ⅳ－66	五音戏	山东省淄博市
67	Ⅳ－67	茂腔	山东省高密市、胶州市
68	Ⅳ－68	曲剧	河南省
69	Ⅳ－69	曲子戏（敦煌曲子戏、华亭曲子戏）	甘肃省敦煌市、华亭县
70	Ⅳ－70	秧歌戏（隆尧秧歌戏、定州秧歌戏、朔州秧歌戏、繁峙秧歌戏）	河北省隆尧县、定州市 山西省朔州市、繁峙县
71	Ⅳ－71	道情戏（晋北道情戏、临县道情戏、太康道情戏、蓝关戏、陇剧）	山西省右玉县、临县 河南省太康县 山东省莱州市 甘肃省
72	Ⅳ－72	哈哈腔	河北省清苑县、青县
73	Ⅳ－73	二人台	内蒙古自治区呼和浩特市 山西省河曲县 河北省康保县
74	Ⅳ－74	白字戏	广东省海丰县
75	Ⅳ－75	花朝戏	广东省紫金县
76	Ⅳ－76	彩调	广西壮族自治区
77	Ⅳ－77	灯戏（梁山灯戏、川北灯戏）	重庆市梁平县 四川省南充市
78	Ⅳ－78	花灯戏（思南花灯戏、玉溪花灯戏）	贵州省思南县 云南省玉溪市

续表

序号	编号	项目名称	申报地区或单位
79	Ⅳ－79	一勾勾	山东省临邑县
80	Ⅳ－80	藏戏（拉萨觉木隆、日喀则迥巴、日喀则南木林湘巴、日喀则仁布江嘎尔、山南雅隆扎西雪巴、山南琼结卡卓扎西宾顿、黄南藏戏）	西藏自治区 青海省黄南藏族自治州
81	Ⅳ－81	山南门巴戏	西藏自治区
82	Ⅳ－82	壮剧	广西壮族自治区
83	Ⅳ－83	侗戏	贵州省黎平县
84	Ⅳ－84	布依戏	贵州省册亨县
85	Ⅳ－85	彝族撮泰吉	贵州省威宁彝族回族苗族自治县
86	Ⅳ－86	傣剧	云南省德宏傣族景颇族自治州
87	Ⅳ－87	目连戏（徽州目连戏、辰河目连戏、南乐目连戏）	安徽省祁门县 湖南省溆浦县 河南省南乐县
88	Ⅳ－88	锣鼓杂戏	山西省临猗县
89	Ⅳ－89	傩戏（武安傩戏、池州傩戏、侗族傩戏、沅陵辰州傩戏、德江傩堂戏）	河北省武安市 安徽省池州市 湖南省新晃侗族自治县、沅陵县 贵州省德江县
90	Ⅳ－90	安顺地戏	贵州省安顺市
91	Ⅳ－91	皮影戏（唐山皮影戏、冀南皮影戏、孝义皮影戏、复州皮影戏、海宁皮影戏、江汉平原皮影戏、陆丰皮影戏、华县皮影戏、华阴老腔、阿宫腔、弦板腔、环县道情皮影戏、凌源皮影戏）	河北省唐山市、邯郸市 山西省孝义市 辽宁省瓦房店市 浙江省海宁市 湖北省潜江市 广东省汕尾市 陕西省渭南市、华阴市、富平县、乾县 甘肃省环县 辽宁省凌源市
92	Ⅳ－92	木偶戏（泉州提线木偶戏、晋江布袋木偶戏、漳州布袋木偶戏、辽西木偶戏、邵阳布袋戏、高州木偶戏、潮州铁枝木偶戏、临高人偶戏、川北大木偶戏、石阡木偶戏、邵阳提线木偶戏、泰顺药发木偶戏）	福建省泉州市、晋江市、漳州市 辽宁省锦州市 湖南省邵阳县 广东省高州市、潮州市 海南省临高县 四川省 贵州省石阡县 陕西省 浙江省泰顺县

思考与练习

1. 你的家乡有哪些传统戏剧？试用精语言简述其历史传承、保护现状、艺术特征等。篇幅为 3 ～ 5 页 PPT 文稿。

2. 在纸模、一次性纸盘或其他材料上绘制京剧脸谱 2 ～ 3 幅，简述其谱式和颜色的象征意义。用彩铅、马克笔、水粉、水彩绘制均可。

3. “微论文”写作：参考传统戏剧中人物的造型设计，写一篇题为“我眼中的京剧（昆曲）形象”的微论文，字数为 300 ～ 500 字。

第六章　曲　艺

学习目标

知识目标

1. 掌握曲艺的艺术特征和文化价值。
2. 了解苏州评弹和东北二人转的曲艺要领。

技能目标

1. 能辨识不同的曲艺类型，并能收集相关的图、文、视频等资料。
2. 善于发掘曲艺雅俗共赏的文化价值和化人育人的社会作用。

素质目标

通过学习曲艺故事，提升人文修养，培养勇于担当、爱祖国爱人民的家国情怀。

曲艺用“口语说唱”叙述故事、塑造人物、表达思想感情并反映社会生活。传统戏剧的本质特点是“以歌舞演故事”，而曲艺的本质特点则是“以口语说唱故事”。曲艺作为说唱艺术，虽有悠久的历史，却在相当长的时间里没有独立的艺术地位。在我国艺术发展史上，说唱艺术曾归于“宋代百戏”或“什样杂耍”，在瓦舍、勾栏场地表演。新中国成立后，众多发展成熟的说唱艺术被统称为“曲艺”，并进入剧场表演，形成了曲坛上艺术流派各具特色、百花争艳的景象。本章以入选第一批国家级非物质文化遗产名录的“苏州评弹”和“东北二人转”为例介绍曲艺的特征和价值。

第一节　曲艺概述

曲艺概述

一、曲艺的艺术特征

曲艺是我国民族民间的说唱艺术的总称，指由民间口头文学和歌唱艺术经过长时间的演化发展而形成的独特的表演艺术形式。曲艺按艺术构成方式可分为四类：第一类是“说”的曲种，如相声、评书、评话等；第二类是“唱”的曲种，鼓曲类中的大部分作品都属于此类，如京韵大鼓、单弦牌子曲、扬州清曲、东北大鼓、温州鼓词、胶东大鼓、湖北大鼓等；第三类是“又说又唱”或“半说半唱”的曲种，如各种鼓书、琴书、弹词、东北二人转等；第四类是“似说似唱”的曲种，即各种“韵诵体”曲种，如各种快书、快板等。据不完全统计，至今流传在中国民间的曲艺曲种有 400 余个。

中国曲艺源远流长，在先秦时期萌芽；至唐代，形成了具有独立艺术样式的说唱艺术；到了宋代，有了说唱表演的专门场所和职业艺人，曲艺得到发展；明清及民国初期，说唱艺术进一步得到发展，涌现出不少新曲种和新曲目，呈现出名家辈出、流派纷呈的繁盛景象。

到目前为止，入选五批国家级非物质文化遗产名录的曲艺类项目共 145 项，包括京韵大鼓、相声、北京评书、天津时调、乐亭大鼓、山东大鼓、胶东大鼓、河南坠子、陕北说书、苏州评弹、扬州评话、福州评话、绍兴词调、长沙弹词、四川清音、凤阳花鼓、湖北大鼓、萍乡春锣、新疆曲子、东北二人转、达斡尔族乌钦、傣族章哈等。

曲艺具有民间性、通俗性、群众性等特征，大部分曲种还具有使用方言、在特定地域流传的鲜明地域性。从语言上看，曲艺以“说”和“唱”为主要表现手段，它的语言适于说或唱，生动活泼、简练精辟并易于上口；从表演上看，曲艺表演由演员装扮成不同角色，以“一人多角”的方式，通过说、唱把各种人物、故事表演给听众，具有一人多角、化出化入、说唱为主、简便快捷等特点；从艺术形式上看，曲艺是诉诸人们听觉的艺术，它通过说、唱刺激听众的听觉来驱动听众的形象思维，听众在想象中与演员共同完成艺术创造；从表演者艺术素养上看，曲艺演员必须具备扎实的说功、唱功、做功和高超的模仿能力，能够自己创作、自己表演。这些特点使曲艺成为一种深受广大民众喜爱的雅俗共赏的艺术门类。

二、曲艺的文化价值

曲艺作为我国最具民间色彩的表演艺术之一，在我国艺术发展史上具有十分重要的意义。

曲艺是我国历史和民族文学的特殊传承载体。我国少数民族的史诗以及许多民歌与叙事诗，正是凭借曲艺的“说唱”得以传播、弘扬和保存。如闻名世界的我国三大英雄史诗——藏族等民族的史诗《格萨（斯）尔》、蒙古族史诗《江格尔》和柯尔克孜族史诗《玛纳斯》，客观上主要依靠民间“说唱”艺人的收集、整理加工和“说唱”表演而得以传承。汉代叙事长诗与曲艺“说唱”也有紧密的传承关系。

曲艺在自身的历史发展中催生了中国古典长篇小说，孕育了诸多戏曲剧种，可以说曲艺是我国古典章回体长篇小说和许多戏曲剧种的母体。我国古典章回体长篇小说《三国演义》《水浒传》《西游记》《封神演义》等，是曲艺直接孕育催生的结果。我国许多地方戏曲，特别是其声腔的形成，也是直接源自当地的曲艺曲种，如吉林吉剧是在东北二人转的基础上发展而成的，山东吕剧是由山东琴书发展而来，浙江越剧则起源于嵊州唱书等，从而使得曲艺成为孕育其他艺术的“母亲艺术”。曲艺的产生和发展，不仅为其他艺术提供了题材，而且深刻地影响并培育了人们的艺术审美情趣及精神气质。

第二节　苏州评弹

项目名称： 苏州评弹（苏州评话、苏州弹词）[①]

2006 年 5 月入选第一批国家级非物质文化遗产名录

类别： 曲艺

申报地区或单位： 江苏省苏州市

编号： Ⅴ－1

苏州评弹

苏州评弹是苏州评话和苏州弹词的总称，是采用以苏州话为代表的吴语方言徒口讲说或说唱表演的曲艺说书形式。它产生于苏州，流行于江、浙、沪一带。苏州评弹历史悠久，形成于明末清初，流行于清乾隆时期，说噱弹唱，自成体系，名家流派纷呈，历经几百年至今不衰。2006 年，苏州评弹入选第一批国家级非物质文化遗产名录。

苏州评话内容多为帝王、将相、义侠、公案故事，传统书目有《三国》《隋唐》《水浒》《岳传》《包公》等。苏州弹词内容则多为才子佳人、市井生活故事，传统书目有《珍珠塔》《玉蜻蜓》《描金凤》《杨乃武》《啼笑因缘》等。

中篇苏州弹词《欢喜冤家》演出剧照

苏州评弹是讲故事加起角色的表演艺术，演员以说书（叙述）人和书中（代言）人两种身份进行说唱，主要有说书人表白、书中人官白，又兼有说书人衬白、

① 江苏省苏州市非物质文化遗产保护管理办公室.

托白和书中人咕白、私白，语言丰富生动，弹词则加以声腔演绎，更赏心悦耳。表演上一人多角，长于跳进跳出；人书合一，却能间离评判。数百年来，苏州评弹以开讲或说唱长篇书目为主，中、短篇为辅，形成了雅俗共赏、文野并存的艺术品质，拥有深厚的群众基础，在社会上产生了广泛影响。

一、苏州评话

苏州评话是采用以苏州话为代表的吴语方言徒口讲说表演的曲艺说书形式，流行于江苏南部和浙江北部，以及上海大部分的吴语地区，通常与苏州弹词合称“苏州评弹”。在流行地区，苏州评话俗称“大书”，苏州弹词俗称“小书”，总称“说书”。

苏州评话形成于明末清初，清代中叶进入鼎盛时期，成立有行会组织光裕公所（1912 年更名为“光裕社”）。至咸丰、同治年间，出现了说演《水浒》的姚士章等名家。

苏州评话选回《康熙·审案》演出剧照

苏州评话的艺术传统非常深厚。表演以第三人称即说书人的口吻来统领叙述，中间插入第一人称即故事中人物的语言进行摹学。摹学故事中人物的语言举止叫作“起角色”，第三人称的说演称“表”，第一人称的说演称“白”，表和白以散文为主，也有用作念诵表演的部分韵文，包括赋赞、挂口、引子和韵白等。表演注重制造喜剧性的噱头，有“噱乃书中之宝”的说法。又因演员在语言运用和“起角色”等方面的不同特色，形成了不同的风格流派。如说演严谨，语言表达基本固定，叫作“方口”；随机应变，舌底生花，善于即兴发挥，为适应不同的听众而随时变化，叫作“活口”；说表语如连珠，铿锵有力，叫作“快口”，相反则为“慢口”；以说表见长，少起角色，称为“平说”。其艺术形式之繁荣为同类说书形式所少有。

苏州评话的传统节目有50多部，其中包括讲史类的《西汉》《东汉》《三国》《隋唐》《金枪》《岳传》等，俗称“长靠书”；侠义类的《水浒》《七侠五义》《小五义》《绿牡丹》《金台传》等，俗称“短打书”；此外还有神怪故事和公案书类，如《封神榜》《济公传》《彭公案》《施公案》等。

苏州评话的节目形态多属长篇故事，分回逐日连说。每天说演一回，每回约一个半小时，通常一部书能连说月余，长的可达一年半载。其艺术表现以单线顺叙为主，用“未来先说，过去重提”的方法进行前后呼应。同时用不断设置“关子”的办法来制造悬念，吸引听众。新中国成立后，苏州评话编演了一批新书目，著名的有《江南红》《铁道游击队》《林海雪原》《烈火金刚》《敌后武工队》等，还出现了一些中短篇节目。

二、苏州弹词

苏州弹词是用苏州方言以说唱相间的方式表演的“小书”类曲艺说书形式，发源并流行于以苏州为中心的江苏东南部、浙江北部和上海等吴语方言区，大约形成于明末清初，比苏州评话略晚。

苏州弹词选回《啼笑因缘·跳舞厅》演出剧照

苏州弹词的表演有说有唱，说中夹唱。唱时多用三弦或琵琶伴奏，说时也有采用醒木作为道具击节拢神的情形。演唱采用的音乐曲调为板腔体的说书调，称为“书调”。因其流传中形成了诸多的音乐流派，“书调”又被称为“基本调”。早期演出多为一个男艺人弹拨三弦“单档”说唱，后来出现了两人搭档的“双档”和三人搭档的“三个档”表演。

苏州弹词的艺术传统非常深厚，技艺十分发达，讲究“说噱弹唱”。“说”指叙说；“噱”指“放噱”，即逗人发笑；“弹”指使用三弦或琵琶进行伴奏，既可自弹自唱，又可相互伴奏和烘托；“唱”指演唱。其中“说”的手段非常丰富，有叙述，有代言，也有说明与议论。艺人在长期的说唱表演中形成了官白、私白、咕白、表白、衬白、托白等功能各不相同的说表手法与技巧，既可表现人物的思想活动、内心独白和相互间的对话，又可以说书人的口吻进行叙述、解释和评议。艺人还借鉴昆曲和京剧等的科白手法，运用嗓音变化和形体动作及面部表情等来“说法中现身”，表情达意并塑造人物。在审美追求上，苏州弹词求“理、味、趣、细、技”。“理者，贯通也。味者，耐思也。趣者，解颐也。细者，典雅也。技者，工夫也。”

苏州弹词的节目以长篇为主，传统的代表性节目有《三笑》《倭袍传》《描金凤》《白蛇传》等几十部。20 世纪 30 年代以来，随着广播电台的兴起，苏州弹词进入鼎盛期，节目丰富，流派纷呈，仅以演唱的音乐风格区分，就有“沈（俭安）调”“薛（筱卿）调”“魏（钰卿）调”“夏（荷生）调”“周（玉泉）调”“徐（云志）调”“蒋（月泉）调”等十多种。

新中国成立后，苏州弹词经过艺人们整旧创新，新节目不断涌现，长篇有《白毛女》《新儿女英雄传》《李闯王》《青春之歌》等，中篇和独立演出的选回有《苦地保》《厅堂夺子》《一定要把淮河修好》等。

延伸阅读

千里书声出光裕

“千里书声出光裕”这一佳话，起源于苏州评弹界第一个行会组织“光裕社”。光裕社原名光裕公所，是评弹艺人切磋书艺、拜师收徒、聚会议事的重要活动场所，也是老听众欣赏苏州评弹、品茶休闲的好去处，至今已有二百余年的历史。

乾隆帝第三次南巡时，驻跸姑苏。一日他步入观前街，见商贩林立，店招如幡，乃一派繁华气象，走进玄妙观更是热闹非凡，只见三清殿旁有一古色古香小茶馆，长凳桌椅整齐摆放，茶客满座听开讲，见那说书先生五十开外，双目炯炯，声音洪亮，快而不乱、慢而不断、字字有力、声声铿锵。此说书先生正是姑苏弹词名家王周士。乾隆闻听暗喜，想要细听这位说书先生如何弹唱，只见王周士醒木一拍："那末正德皇帝和佛动心要碰头哉，到底哪亨，明日请早。"

乾隆帝下榻沧浪亭，唤王周士御前弹唱，谁知王周士在乾隆面前长久鹄立，不出一声，乾隆问他为何不开口，王周士跪奏曰："臣执业甚微，然习惯于坐说，不能立而讲，且须弹家生（弹三弦）也。"皇帝就命赐蒲团垫座。评弹演员椅子上的坐垫——"君团"，就来源于此。王周士坐而弹唱，三根弦索调准，醒木一拍，纸扇轻摇："正德皇帝与名妓佛动心同入罗帐。"乾隆皇帝听到此时，心想王周士借古讽今，如有淫词秽语定不轻饶。但只见王周士不慌不忙且说且唱："正德皇帝与佛动心，双双携手入鸾衾，一宿无话到天明。"一言表过全无半点秽语，乾隆龙颜大开，哈哈大笑。

乾隆对王周士的书艺十分钦佩，把王周士带回京城，御前弹唱，公卿大臣退朝后陪同听书。《游龙戏凤》《白蛇传》两部长篇说完，王周士告禀回乡，乾隆就命内务府重赏，钦赐王周士七品官带，龙飞凤舞、挥毫而成"光前裕后"四个大字赠予王周士，寓意评弹艺术要发扬光大、代代相传。

王周士荣归故里，家门口灯笼高照，书写八个大字"御前弹唱，七品书王"。评弹艺人更是奔走相告，并自发筹款，于乾隆四十一年（1776年）在姑苏宫巷第一天门创建了评弹界第一个行会组织，取乾隆墨宝中二字，命名为"光裕公所"，并推王周士为首，供奉三皇祖师，订立公所章程，保护艺人权益，调整内部关系，提倡尊师礼让，提高了评弹艺人的地位，奠定了苏州评弹艺术发展的基础。王周士还是苏州评弹史上第一位理论家，他撰写的《书品》《书忌》总结了毕生的从艺经验，从正反两方面阐述了评弹艺人做人习艺的准则，一直流传至今。

第三节　东北二人转

项目名称： 东北二人转[①]

2006年5月入选第一批国家级非物质文化遗产名录

类别： 曲艺

申报地区或单位： 辽宁省黑山县、铁岭市，吉林省，黑龙江省海伦市

编号： V-35

① 周和平. 第一批国家级非物质文化遗产名录图典：上. 北京：文化艺术出版社，2007.

一、东北二人转概述

东北二人转是一种广有影响的曲艺形式，用东北方音说唱表演，表演时载歌载舞、曲舞相衬，旧名“蹦蹦”，主要流行于辽宁、吉林、黑龙江三省和内蒙古自治区东部。一般认为，东北二人转约在清代中期由东北大秧歌与从关内传来的莲花落融合而成，在发展中广泛吸收东北民歌、太平鼓、东北大鼓等姊妹艺术的音乐唱腔和表演技巧，唱腔曲调异常丰富。

东北二人转

由于流行地域的不同，二人转在发展中曾形成东路、西路、南路、北路四个流派。其中东路以吉林为中心，表演擅舞彩棒，有武打成分；西路以辽宁的黑山县为中心，讲究板头和演唱；南路以辽宁营口为中心，表演歌舞并重；北路以黑龙江的北大荒为中心，追求唱腔的优美动人。故此历史上曾有二人转“南靠浪（舞），北靠唱，西讲板头东耍棒”的民谚。后来各路表演取长补短，互相融合，表演的侧重不再像以前那样明确。长期以来，二人转深受东北广大人民群众喜爱。东北民间流传着“宁舍一顿饭，不舍二人转”的说法，体现了东北劳动人民对艺术美的追求。

二、东北二人转的艺术特征

（一）东北二人转的表演手段

东北二人转有多种演出形式，大体可分“单”“双”“群”“戏”四类。

“单”指“单出头”，即一个人一台戏，一人演多角，也有一戏一角一人演的，类似“独角戏”。“双”指“双玩艺”，又称“双条”“双口”，即二人演多角，叙事兼代言，跳出跳入，载歌载舞。“群”现在是指群唱、坐唱或群舞，过去也把“拉场戏”称为“群活儿”。“戏”指“拉场戏”，这是以小旦和小丑为主的东北民间小戏，其中由两个人扮演角色的也叫“二人戏”。

东北二人转表演讲究唱、说、做、舞四功的综合运用，还有使用手绢、扇子、大板子、手玉子等道具绝活的特技动作，称为“四功一绝”。其中唱功讲究“字儿、句儿、味儿、板儿、腔儿、劲儿”，高亢火爆，亲切动听；说功分“说口”、“成口”（亦称“套口”）和“零口”，丑逗旦捧，多用韵白，也有说白和数板，语言风趣幽默，招人讨笑；做功（亦称“扮功”）讲究以身段和动作辅助演唱，强调手、眼、身、法、步等功法的综合运用；舞功以跳东北大秧歌舞为主，也吸收其他民间舞蹈和武术的成分，并有耍扇子、耍手绢、打手玉子、打大竹板等杂技性的绝活穿插其间，场面十分热闹火爆。

亮绝活

（二）东北二人转的音乐唱腔

东北二人转的音乐唱腔十分丰富，素有“九腔十八调，七十二咳咳”之称，其结构为曲牌连缀体，常用的唱腔曲牌有“胡胡腔”“喇叭牌子”“文咳咳”“武咳咳”“三节板”“抱板”“四平调”“五字锦”“红柳子”等，伴奏乐器有板胡、唢呐、竹板等。二人转的传统曲目很多，共有300多个，有“四梁四柱”之说。“四梁”指的是大四套曲目，即《钢鉴》《清律》《浔阳楼》《铁冠图》；“四柱”指的是小四套曲目，即《西厢》《蓝桥》《阴魂阵》《李翠莲盘道》；此外，还有《双锁山》《华容道》等。近几十年来，又有大批的新创作曲目，如《丰收桥》《接姑娘》《柳春桃》等，均深受人们欢迎。

传承人表演二人转

东北二人转唱词以七言和十言为主，兼有长短句式；不仅有作为主体的“双玩艺”及多人唱叙演出的“群唱”形式，还有属于小戏体裁，由演员扮演角色的“单出头”和“拉场戏”形式。“双玩艺”和“群唱”的表演形式或由甲、乙二人扮成一旦一丑，载歌载舞，分行当说唱表演，或多人分持不同的伴奏乐器分行当轮递坐唱。

雅俗共赏的东北二人转接地气、有人气，通过特有的感染力，产生特有的说理作用，让人们在欣赏“说唱”的过程中，明道理、知事情、辨是非。

相关链接

1. 曲艺入选国家级非物质文化遗产名录的标准

第一，基本形态是用口头语言说唱叙事，具有一定的技艺性；

第二，以口传心授的方式世代传承；

第三，具有丰富的民间文化内涵和特有的审美价值；

第四，影响较大，具有活态传承特点。

2. 入选第一批国家级非物质文化遗产名录的曲艺（见表 6－1）

表 6－1　入选第一批国家级非物质文化遗产名录的曲艺（46 项）

序号	编号	项目名称	申报地区或单位
1	Ⅴ－1	苏州评弹（苏州评话、苏州弹词）	江苏省苏州市
2	Ⅴ－2	扬州评话	江苏省扬州市
3	Ⅴ－3	福州评话	福建省福州市
4	Ⅴ－4	山东大鼓	山东省
5	Ⅴ－5	西河大鼓	河北省河间市
6	Ⅴ－6	东北大鼓	辽宁省沈阳市 黑龙江省
7	Ⅴ－7	木板大鼓	河北省沧县
8	Ⅴ－8	乐亭大鼓	河北省乐亭县
9	Ⅴ－9	潞安大鼓	山西省长治市
10	Ⅴ－10	京东大鼓	天津市宝坻区
11	Ⅴ－11	胶东大鼓	山东省烟台市
12	Ⅴ－12	河洛大鼓	河南省洛阳市
13	Ⅴ－13	温州鼓词	浙江省瑞安市
14	Ⅴ－14	陕北说书	陕西省延安市
15	Ⅴ－15	福州伬艺	福建省福州市
16	Ⅴ－16	南平南词	福建省南平市
17	Ⅴ－17	绍兴平湖调	浙江省绍兴市
18	Ⅴ－18	兰溪摊簧	浙江省兰溪市

续表

序号	编号	项目名称	申报地区或单位
19	V－19	贤孝（凉州贤孝、河州贤孝）	甘肃省武威市、临夏市
20	V－20	河南坠子	河南省
21	V－21	山东琴书	山东省
22	V－22	锣鼓书	上海市南汇区
23	V－23	绍兴莲花落	浙江省绍兴县
24	V－24	兰州鼓子	甘肃省兰州市
25	V－25	扬州清曲	江苏省扬州市
26	V－26	锦歌	福建省漳州市
27	V－27	常德丝弦	湖南省常德市
28	V－28	榆林小曲	陕西省榆林市
29	V－29	天津时调	天津市
30	V－30	新疆曲子	新疆维吾尔自治区昌吉回族自治州
31	V－31	龙舟说唱	广东省佛山市顺德区
32	V－32	鼓盆歌	湖北省荆州市
33	V－33	汉川善书	湖北省汉川市
34	V－34	歌册（东山歌册）	福建省东山县
35	V－35	东北二人转	辽宁省黑山县、铁岭市 吉林省 黑龙江省海伦市
36	V－36	凤阳花鼓	安徽省凤阳县
37	V－37	答嘴鼓	福建省厦门市
38	V－38	小热昏	浙江省杭州市
39	V－39	山东快书	山东省
40	V－40	乌力格尔	内蒙古自治区扎鲁特旗、科尔沁右翼中旗 辽宁省阜新蒙古族自治县 吉林省前郭尔罗斯蒙古族自治县
41	V－41	达斡尔族乌钦	黑龙江省
42	V－42	赫哲族伊玛堪	黑龙江省
43	V－43	鄂伦春族摩苏昆	黑龙江省
44	V－44	傣族章哈	云南省西双版纳傣族自治州
45	V－45	哈萨克族阿依特斯	新疆维吾尔自治区伊犁哈萨克自治州
46	V－46	布依族八音坐唱	贵州省兴义市

思考与练习

1. 学完本章后，让你印象最深或你最感兴趣的是哪种曲艺形式？请用关键词或关键句对其进行描述，字数为 50～100 字。

2. 利用网络查询、搜集、整理与本章内容相关的图、文、视频等资料。

第七章　传统体育、游艺与杂技

学习目标

知识目标

1. 掌握传统体育、游艺与杂技的竞技、健身、表演、娱乐等特征。
2. 全面了解吴桥杂技和武当武术的渊源和艺术特色。

技能目标

1. 能辨识传统体育、游艺与杂技类型，并能收集相关的图、文、视频等资料。
2. 能发掘传统体育、游艺与杂技育体、育心、育人的文化价值和社会作用。

素质目标

通过欣赏和传承传统体育、游艺与杂技，增强强身健体、陶冶心性的意识，培养百折不挠、顽强拼搏的精神和崇信尚义、厚德载物的品质。

传统体育、游艺与杂技（也指“杂技与竞技”，在2008年公布的第二批国家级非物质文化遗产名录中将“杂技与竞技”修改为“传统体育、游艺与杂技”）是非物质文化遗产中的一个独特种类，具有深厚的传统和悠久的历史，以及广泛的群众基础。本章以入选第一批国家级非物质文化遗产名录的“吴桥杂技”和“武当武术”为例介绍传统体育、游艺与杂技的特征和价值。

第一节　传统体育、游艺与杂技概述

传统体育、游艺与杂技概述

在历史上，我国杂技艺术品种繁多、内容丰富，有广场杂技、高空杂技、魔术、滑稽、马戏、驯兽等丰富的民间杂技门类。目前我国在民间文化普查中把杂技分为五大类：第一类是狭义的杂技，包括形体杂技、力技、翻腾杂技、平衡杂技、耍弄杂技、高空杂技等；第二类是魔术，包括古彩戏法、手法魔术、器械魔术、心灵术、逃遁术、幻境魔术等；第三类是马戏，包括马术、驯兽、驯小动物等；第四类是乔装戏，包括乔装动物戏、乔人戏（含偶戏）、影戏、口技等；第五类是滑稽，包括哑剧、单场滑稽、串场滑稽、帮场滑稽、语言滑稽等。

列入第一批国家级非物质文化遗产名录的杂技与竞技项目共17项，包括入选联合国教科文组织人类非物质文化遗产代表作名录的太极拳，以及吴桥杂技、聊城杂技、天桥中幡、抖空竹、少林功夫、武当武术、邢台梅花拳、回族重刀武术、蒙古族搏克（摔跤）、达斡尔族传统曲棍球竞技、朝鲜族跳板和秋千、维吾尔族达瓦孜等。第二批国家级非物质文化遗产名录将杂技与竞技改称传统体育、游艺与杂技，围棋、象棋、天桥摔跤、八卦掌等项目入选。到目前为止，入选了五批国家级非物质文化遗产名录的传统体育、游艺与杂技类项目共109项。这些项目是民间文化的重要组成部分，是中国非物质文化遗产中的瑰宝。它们中有的具有一定的竞技性，有的并不具有突出的竞技性，而更多地具有健身、修身养性、表演或自娱自乐等作用，对于提高人们的精神境界和文化生活品位有重要的作用。

中华民族历来重视“修身”，而“修身”既要健体，更要修心。在长期的历史发展过程中，民间形成了许多有关强身健体、陶冶心性的文化传统，有许多被列入了各级非物质文化遗产代表性项目名录，这些传统体育、游艺与杂技类非物质文化遗产项目多数被群众熟知，且参与度较高，在丰富人们日常生活和身心保健方面发挥着重要作用。

第二节　吴桥杂技

项目名称： 吴桥杂技[①]

2006 年 5 月入选第一批国家级非物质文化遗产名录

类别： 传统体育、游艺与杂技

申报地区或单位： 河北省吴桥县

编号： Ⅵ－1

吴桥杂技是流传在河北省吴桥县域的民间表演艺术，起源于春秋战国，汉、唐达到兴盛，宋代时走向民间。吴桥杂技重在展示人体技能技巧，门类齐全，节目阵容庞大，包括形体表演、平衡技巧、耍弄表演、高空技巧、魔术表演、马术表演、仿生表演、气功表演、驯兽表演、滑稽表演等十大门类，共有近万个表演节目。吴桥杂技有自己的行业神——吕祖吕洞宾，具备完整的行业文化体系，素有“十方杂技，九籍吴桥”“没有吴桥人，不成杂技班”之说。

一、吴桥杂技的历史沿革

吴桥杂技概述和节目种类

杂技起源于人类劳动，伴随人类活动而发展，是最古老的表演艺术形式之一。

吴桥古属冀州。据《汉书》记载，古冀州一带，流行一种人们头上戴着有角的面具相互比武、斗力的游戏——“蚩尤戏”（也叫角抵戏）。这种既是表演又是竞技的游戏，是古代杂技的雏形，也是吴桥杂技的起源，距今已有 2 800 多年的历史。

1957 年在吴桥小马厂村出土了南北朝东魏时期的古墓画，绘有蝎子爬、肚顶、倒立、马术等杂技形象，可以推断当时杂技在吴桥一带已经产生和发展。

① 河北省吴桥县非物质文化遗产保护中心.

南北朝东魏时期的古墓画

宋朝之前，杂技（当时叫“百戏”或“乐舞百戏”）一直是供历代统治阶级娱乐的宫廷艺术。随着社会的变迁、文化的不断发展，宋词、元曲和戏剧兴起，对杂技产生了较大的冲击。自宋代始，杂技逐渐失去了庙堂之上的“受宠”地位，杂技艺人走出宫廷走向民间，走向市井的勾栏、瓦舍，在这种历史条件下，杂技在吴桥民间盛行起来。

明代之后，吴桥杂技逐渐兴盛，产生了很多优秀的表演节目，如《马戏》《走大绳》《上刀山》《耍坛子》《驯狗熊》，以及丰富多彩的民间手彩戏法，如《九连环》《仙人摘豆》《飞鼠盗粮》等。

清末至民国是吴桥杂技的鼎盛时期，世家如林，人才辈出，涌现出许多蜚声中外的杂技班团和享誉世界的杂技大家。这一时期，杂技得到普及，吴桥杂技艺人不断走出吴桥，走出国门，走向世界。杂技大师孙福有和他的“中华国术马戏团”去过欧亚大陆的 30 多个国家演出，在马戏团鼎盛时期，有 200 多名演员（包括俄、美、德、印等国的演员）、可容 3 000 多人的大盖棚、40 多头大型动物，该团演员之多、声势之大、节目之丰富空前未有，创造了中国杂技的辉煌，当时被誉为“世界第一大马戏团”。

新中国成立后，吴桥杂技和其他艺术一样，进入了一个崭新的时代，受到了党和政府前所未有的重视。杂技艺人的社会地位得到了提高，成为新社会的文艺工作者。艺人们组建了许多大大小小的杂技演出团体。仅在新中国成立初期，吴桥县经注册的马戏团、杂技团就有 61 个，杂技组 272 个，全县杂技从业人数超万人之众，形成了“上至九十九，下到刚会走，吴桥耍杂技，人人有一手”的地域文化现象。

吴桥杂技——转盘表演

二、吴桥杂技的节目种类

吴桥杂技经过 2 000 多年的流传和发展，形成了诸多门类，以及浩如繁星的表演节目。概括而言，目前数以万计的杂技节目大体可分为以下 10 个表演类别。

（一）形体表演类

形体表演类节目，是杂技演员利用翻跟头、倒立、腰腿基本功，展示人体负重、力技平衡技巧的节目，它集传统的体育、体操、武术、舞蹈之大成，使杂技技巧表演更加完美。如《大武术》《柔术叼花》《爬竿》《钻桶》等节目。

女子柔术

（二）平衡技巧类

平衡技巧类节目，主要是表现演员在难以掌握平衡的情况下，完成节目中所设计的高难度技巧的节目。如《高台定车》《走钢丝》《高车踢碗》《椅子顶》等节目。

（三）耍弄表演类

耍弄表演类节目，是演员利用多种小型道具，一人或多人配合，展示或抛接、或旋转、或交叉前后背花承接等技巧的节目。它是吴桥最古老的杂技节目种类，也是吴桥传统节目中保留最多的一类杂技节目。如《抛圈》《抛刀》《飞镖》《转碟》《伞技》等节目。

（四）高空技巧类

高空技巧类节目，是演员在舞台高空展现飞跃、旋转、倒挂、承接等技巧，利用道具飞动的惯性，做出各种高、难、险的动作和造型，使人感到惊险、奇绝、幽默、滑稽的节目。如《浪桥飞人》《空中体操》《高空钢丝》等节目。

吊环

（五）魔术表演类

魔术表演类节目，是通过演员熟练的技法和巧妙的艺术处理，营造出变化莫测、出人意料、耐人寻味的效果，使人在反复推敲秘密时得到教益的节目。此类节目的演员动作表演快捷简练，形式多样，变幻无穷，大致可分为手彩魔术、道具魔术、古彩戏法。手彩魔术多以徒手或利用小道具完成表演，如《仙人摘豆》《变钞票》《空手飞烟》等。道具魔术是利用道具进行表演的魔术，如《大变活人》《遁人》等。古彩戏法主要是演员以身上穿着的长袍为遮掩，将身上携带的物品快捷利落地展现在观众面前，如变出鲜花、水果、鱼缸等。

（六）马术表演类

马术表演类节目，是吴桥杂技表演的主

要构成部分，因此吴桥杂技常被泛称为吴桥马戏。马术表演是演员通过对马的驯化，使其按照表演者的需要，或迎风疾驰，或小步慢跑，或腾飞穿越，达到人马合一、高度协调的境界，从而在马上完成各种高难绝活、绝招的表演。马术表演又可分为古装马戏和现代马术。如《关公劈刀》《镫里藏身》《倒骑马》《马上拾金钱》等节目。

（七）仿生表演类

仿生表演主要分为两种：一种是动作仿生；另一种是声音仿生。动作仿生节目，是通过拟人、夸张、变形等艺术手段，对自然界动物的形态、动作、性情进行提炼模仿，以展示动物的凶猛、憨笨、顽皮、矫健等特性。如《舞狮子》《滑稽驴》等节目。声音仿生节目，是演员用嘴借助小型道具“口蘼子”发出声响，形象地模拟自然现象或生物，包括风雨雷电、动物的鸣叫以及人类生产、生活等活动中发出的各种声音，如各种鸟叫，鸡鸭蝉叫，马嘶，汽车、火车、飞机的轰鸣，大炮的轰炸声，以及中西乐器演奏声。如《五禽兴旺》《百鸟朝凤》《练兵场上》等节目。

（八）气功表演类

气功表演，是吴桥民间传统的表演项目之一。表演者借用生产、生活中的用具（铡刀、油锤、钢筋等）和武术器械（刀剑、长矛、棍棒等），充分运用气与力的协调统一，承受击打、砍、刺或捆绑的力道，展现出表演者超人的技能。如《开砖劈石》《油锤贯顶》《银枪刺喉》《汽车过人》等节目。

（九）驯兽表演类

吴桥历来有驯化飞禽走兽进行表演的习俗。艺人依据动物的生理习性，大到狮虎大象，小到草蛇白鼠，对其进行规范、驯化，使之形成固定的条件反射，从而进行驯兽表演。动物表演逼真、生动，深受观众喜爱，素有“好把式不如赖吸头”（吸头指动物）之说。如《驯猴》《驯狗》《驯蟒蛇》《驯大象》《驯虎》，以及各种鸟类表演等节目。

（十）滑稽表演类

滑稽表演是表演者身着异服，以滑稽幽默的表情和肢体语言，将一定难度的杂技技巧表演出来，使观众捧腹大笑、回味无穷的节目。如《抓跳蚤》《抢椅子》《照镜子》《滑稽跳舞》等节目。

吴桥杂技的
艺术特色

三、吴桥杂技的艺术特色

（一）吴桥杂技文化

吴桥杂技有一个庞大繁杂的文化体系，主要体现在技艺传承、尊奉崇拜、行规禁忌、江湖春点四个方面。

1. 技艺传承

吴桥杂技历经两千多年历史发展，代代相传，始终保持着旺盛的艺术生命力，其传承方式主要有师带徒、家传、小科班三种。师傅带徒弟是吴桥杂技艺术世代延续的主要途径，在漫长的发展过程中，拜师收徒弟形成了一定的规矩。家传也是吴桥杂技的主要传承方式，吴桥有诸多传承谱系在三代、五代以上的杂技世家。小科班是集体授徒形式，这种传承方式能集中精力和时间，较全面地培养杂技人才，对吴桥杂技全面提升起到了一定促进作用，现在国家办的河北吴桥杂技艺术学校，就是这种小科班传承方式的延伸和发展。

2. 尊奉崇拜

杂技艺人尊传说中的“八仙”之一纯阳真人吕洞宾为行业神，奉吕洞宾为“杂技鼻祖”。吴桥艺人每逢举行收徒仪式、班子“出穴”、行内违规惩戒及有重大事件需要决断前，都要焚香祭拜吕祖。另外，吴桥杂技艺人尚武好义，尊崇诚信和江湖侠义之道，多尊关羽为偶像。

3. 行规禁忌

行规禁忌是在杂技传承过程中，在艺人行业内部“约定俗成”的行业习俗。禁忌有“八大快，七十二小快”，即八大忌讳，七十二小忌讳。在行业内部，行规禁忌如同法度，对艺人的语言、行为起到了一定规范和约束作用。

4. 江湖春点

“春点”是江湖人赖以谋生，通行于江湖人内部的语言工具。江湖人为保守行业秘密、躲避祸端、业内交流，巧妙地利用借音、会意、象声、象形等格式创造出江湖“春点”，将所要表达的事物隐含在“春点”中，如“扯呼”（逃走）、“鞭托”（动武）、“黏语子”（哑巴）、“蹬轮子”（坐车）、“驾疯子”（骑马）、“蹬空子”（穿裤）。

（二）吴桥杂技的生活化

吴桥杂技来自农民的生活和生产劳动，是一种“人所为而非常人之所为”的艺术形式。吴桥杂技最基本的表演形式有“磨杆”“撂明地”，其面向的群体是普通民众，越是生活化的节目，越能引起观者的兴趣和共鸣。

杂技演出离不开道具。对吴桥艺人来说，无论是天上的飞禽、地上的走兽、家中饲养的动物，还是生产生活中的用具，如勺子、碗、盘、碟、锅、桌、椅、板凳、坛坛罐罐，以及常食用的蔬菜、水果，家中豢养的鸡、鸭、猪、羊、狗甚至是讨人嫌的老鼠，都可就地取材，拿来作为杂技节目道具，应用在杂技艺人表演中。如《顶碗》《蹬大缸》《骑锅盖》《晃梯顶技》《驯老鼠》《驯叭狗》等无一不是艺人利用生活用具、豢养动物反复揣摩训练，赋予了这些平俗器具、动物以巧妙和神奇，成为人们喜闻乐见、独具特色的表演项目。

舞台杂技表演

延伸阅读

《快乐的炊事员》是20世纪70年代的杂技节目，该节目充分利用几种炊事用具，如刀、勺、锅、碟，以及黄瓜、土豆等当道具，设计一系列动作情节，形成了一个以厨房为背景，生活气息浓厚的杂技节目。该节目从杂技的单一表演，过渡到复合表演，将杂技表演中的多种技能技巧杂糅在一起，增加了演员的表演难度，提升了节目的技艺水平和表演效果。该节目设计了"指头转饭锅""对传花盘""数个瓶子或棒槌前后背花""数面碟子侧立及低位旋转"等动作，同时把魔术《破镜重圆》的表演技艺掺杂其中，让演员失手打碎的盘子在演员手上复原。在该节目中，杂技节目不再是单纯的技能展示，表演有了故事情节和奇幻效果。整个节目的表演，动中有静、静中有动，数面盘子在空中错落有致地飞转，使节目的表演达到了既紧张又欢快、既幽默又滑稽的完美境界，充分体现了吴桥杂技艺人的无穷智慧和创造精神，以及吴桥杂技淳朴浓郁的乡土气息和惊险奇绝、欢快奔放的地域风格。

第三节　武当武术

武当武术概述和历史文化

项目名称： 武当武术[1]

2006 年 5 月入选第一批国家级非物质文化遗产名录

类别： 传统体育、游艺与杂技

申报地区或单位： 湖北省十堰市

编号： Ⅵ－8

武当山，又名太和山、仙室山，古有太岳、玄岳、大岳之称，位于湖北省十堰市丹江口境内，是著名的道教圣地，同时也是武当武术的发源地。武当山作为中国传统武术武当内家拳的发源地，与道家养生理论一起受到历代皇室和广大武术爱好者的尊崇。据不完全统计，武当武术现已挖掘整理出 29 个门派、208 种功法套路；构成武当武术武学体系的代表性拳种及流派有太极拳、形意拳、八卦掌、武当四门、南派武当武术、武当本山派拳法等六个集群。武当武术历史悠久、博大精深，是中华武术的一大流派，在中国武术界，有“北崇少林，南尊武当”的说法。2006 年，武当武术入选第一批国家级非物质文化遗产名录。

武当武术

① 湖北省十堰市非物质文化遗产保护中心.

一、武当武术的历史文化

武当山东达齐豫，南通巴蜀，北抵三秦，舟车可至，为八方之咽喉，战略位置十分重要，历来为兵家必争之地。得益于优越的地理位置和良好的气候条件，在春秋及战国早期，这一地区人口兴旺，生产力水平相对较先进，同时有巴、蜀、苗、庸等多个民族在此生存繁衍，并建立了诸侯国。由于相互之间存在着争夺生存环境、生活资源等各种不可调和的矛盾，军事战争成为解决矛盾的最终手段，武当等地区便成为楚国抵挡巴、庸等国的前线。到了战国中后期，这一地区成为楚、秦、韩三国交界处，是秦、韩尤其是秦国进攻楚国最便捷的通道。于是楚国在这里派驻重兵，抵挡秦国的入侵。武当（当，通“挡”）者，武力阻挡也，以事名山，故将其命名为武当山。由于生存的竞争，加上春秋战国时期这一地区几百年频繁的军事战争，军事武术在武当山地区出现、传播、普及和发展，进而促进了兵器的制造与发展。

武当山以其雄奇幽秀的地貌特征和适宜的亚热带季风气候，早在唐代就被道教列为七十二福地之一。两千多年来，许多高隐之士集聚武当，在此择幽结庐、学道修真。特别是在唐、宋、元、明、清诸朝代的一千多年间，由于皇室对道教的重视，国醮活动频繁开展，武当山成为道家思想和道教活动的传播中心。道家养生哲学在这里世代相传，具有丰厚的传统文化底蕴。特别是张三丰创造武当武术以来，其理论基础真实地演绎了老庄哲学中的“厚德载物”“天人合一”思想，其“道法自然”“法无定法，武无定式”“常练常新”的实践经验，给后世学者留下了广阔的创造空间。武当武术在现代呈现为一种活态的传统文化形式，是武功和养生方法的天然结合体，既具有深厚的传统武术文化底蕴，又含有精湛的科学道理。

武当武术的产生、发展和成熟经历了一个漫长的过程，与古代道教方术关系密切。以张三丰为代表的武当高道，集古圣先贤之大成，将《易经》、《道德经》和武术巧妙融合于一体，创造了以太极拳、形意拳、八卦掌为主要内容的武当武术，为提高道人们的生存质量探索出了一套行之有效的健身养生与防身御敌相结合的生存方法。在唐代许宣平太极拳和李道子先天拳的基础上，张三丰集其大成，创造了太极拳的“理”与“法”，形成了明确的拳诀、拳论、拳法等太极拳的基本特征。

明代初年，张三丰太极拳产生后，开始在武当山驻庙道士内部秘传，主要供司巡查山林、保卫宫观之职的寮房道士秘密习练。元代的武当山清微宫《清微丹诀》里有“炼精成气，炼气成神，炼神合道”等关于武当武术功法的记载。武当武术遵照道家思想中“道法自然”的“宇宙整体观”创编，重视身心合修的练拳效果，不尚拙力，妇孺幼弱皆可练、皆宜练。它是中国道家思想和武术相结合的典范，是中国道家将武功和养生巧妙结合的杰作。真传的武当武术博大精深，奥妙无穷，涉及人体科学这个人类终极关怀的重大命题，具有尚意不尚力、四两拨千斤、以柔克刚的显著特点和强身健体、延年益寿、祛病御疾的独特功能。

第四届传统武术节《天下太极出武当》

钟云龙演练武当太极拳

二、武当武术的艺术特色

武当武术理论体系和技术体系完整，它以“宇宙整体观”“天人合一观”为宗旨，以“厚德载物”“道法自然”为原则，以“动静结合”“内外兼修”为方法，形成了诸多各具特色的拳功剑法，既有功理和功法，也有操作套路和主旨要领，作为丰厚的民族文化积淀的表现形式，逐渐形成、流传、发展、壮大，成为一种可以与北方佛家的少林功夫相匹敌的南方道家拳理，从而在中国武术文化界形成了“北崇少林，南尊武当”的文化传统。其鲜明的艺术特色体现在以下几个方面。

武当武术的艺术特色

（一）拳法自然，以武演道，科学健身

武当武术的理论基础是老庄的道家哲学和道教养生术。武当武术依照道家“道法自然”的思想，延伸出“拳法自然”的拳理，道士们在追求天人合一、长生久视的实践中，以人体小宇宙比照自然界大宇宙，顺应自然规律的变化，用太极、八卦、五行理论，创造出“圆弧运动轨迹”，形成了掤、捋、挤、按、采、挒、肘、靠“八法”和“进步、退步、左顾、右盼、中定”的一整套技艺方法。这些方法“包藏至道”，体现出科学健身的目的性。通过这些锻炼，能够使人体阴阳平衡，水火相济，中和舒适，身心得到科学调理。武当武术产生的基础、行动目的、功理功法主体、行功方式特点，以及功法概念和名称等，都生动形象地体现了老庄哲学的精神，既是以武入道的方式，又是以武演道的形式。

太乙玄门剑

（二）内养外练，性命双修，重在内养

王宗岳在《太极拳论》中说“由着（招）熟而渐悟懂劲，由懂劲而阶及神明”，

吴图南说“欲大成者化功也，欲小成者武事也”，张三丰认为“打坐之举不可缺”，都是讲武当武术“精气神”结合的道理。太极拳强调“先以心使身”而后“身从心”；形意拳讲“用意不用力，意到气到，气到力达”；八卦掌要求走转圈“化意念足”。所谓“意到、气到、功到”，是把身体训练与心理训练科学地结合起来的特殊运动形式，道家把修炼武当武术“外练手眼身法步，内炼精神气力功”的运动机制总结为“内养外练”。

（三）灵巧技击，柔弱胜强，以柔克刚

“柔弱胜刚强”是老子《道德经》中的一个重要命题，体现在武当武术中就是以柔克刚、后发制人的“刚柔论”。动生刚、静生柔，动极则生柔，静极则生刚。武当内家拳各门派都有“虚实动静”的修炼要领，要求习练者做到“动静自如，以静制动”，讲求身法、手法、眼法、步法随心而动，随意而变，随境而化，在技击中使对手总处于“仰之则弥高，俯之则弥深，进之则愈长，退之则愈远”的无所适从状态，以此达到居后、不争、谦让、处下、柔顺、无为、以柔克刚、动静自如的武学境界。

（四）体中求和，中庸处世，和谐社会

在王宗岳《太极拳论》一书中，要求武当武术的习练者“身虽动，心贵静，气须敛，神宜舒”，就是说在练习太极拳的过程中，人要保持平静中正的心态，进入“无为”“不争”“无欲”的状态，拳功自然就会有所长进。其拳理反映了“致中和，天地位焉，万物育焉”“正其本，万物理”的和谐思想。习武之人得到“中和”拳理思想的教化，有利于社会的和谐。

相关链接

1. 传统体育、游艺与杂技入选国家级非物质文化遗产名录的标准

第一，具有长期的民间传承历史，对民众生活起重要作用；

第二，具有鲜明的竞技、健身、表演、娱乐等特征；

第三，具有中华民族活的文化传统的独特价值。

2. 入选第一批国家级非物质文化遗产名录的传统体育、游艺与杂技（见表 7－1）

表 7－1　入选第一批国家级非物质文化遗产名录的传统体育、游艺与杂技（17 项）

序号	编号	项目名称	申报地区或单位
1	Ⅵ－1	吴桥杂技	河北省吴桥县
2	Ⅵ－2	聊城杂技	山东省聊城市

续表

序号	编号	项目名称	申报地区或单位
3	Ⅵ－3	天桥中幡	北京市
4	Ⅵ－4	抖空竹	北京市宣武区
5	Ⅵ－5	维吾尔族达瓦孜	新疆维吾尔自治区
6	Ⅵ－6	宁德霍童线狮	福建省宁德市
7	Ⅵ－7	少林功夫	河南省登封市
8	Ⅵ－8	武当武术	湖北省十堰市
9	Ⅵ－9	回族重刀武术	天津市
10	Ⅵ－10	沧州武术	河北省沧州市
11	Ⅵ－11	太极拳（杨氏太极拳、陈氏太极拳）	河北省永年县 河南省焦作市
12	Ⅵ－12	邢台梅花拳	河北省邢台市
13	Ⅵ－13	沙河藤牌阵	河北省沙河市
14	Ⅵ－14	朝鲜族跳板、秋千	吉林省延边朝鲜族自治州
15	Ⅵ－15	达斡尔族传统曲棍球竞技	内蒙古自治区莫力达瓦达斡尔族自治旗
16	Ⅵ－16	蒙古族搏克	内蒙古自治区
17	Ⅵ－17	蹴鞠	山东省淄博市

思考与练习

1. “微论文”写作：以“我最感兴趣的传统体育、游艺与杂技项目”为题写一篇“微论文”，字数为300～500字。要求：总结项目特色，分析其文化内涵。

2. 利用网络查询、搜集、整理与本章内容相关的图、文、视频等资料。

第八章　传统美术

学习目标

知识目标

1. 掌握传统美术的特征和价值。

2. 了解凤翔泥塑和凤翔木版年画的制作工艺。

技能目标

1. 能提炼传统泥塑纹饰并运用在设计作品中。

2. 能对不同的非遗项目进行比较分析，挖掘传统美术的实用价值和审美价值。

素质目标

通过欣赏传统美术作品，提升个人审美情趣，增强利用传统美术传承中华优秀传统文化的意识。

传统美术（也指民间美术，在2008年公布的第二批国家级非物质文化遗产名录中将“民间美术”修改为“传统美术”）是我国人民群众以美化环境、丰富民间风俗活动为目的而创作的，在日常生活中应用、流行的美术。传统美术是我国美术的丰厚土壤，是中华传统文化中的精华。本章以入选第一批国家级非物质文化遗产名录的“凤翔泥塑”和“凤翔木版年画”为例介绍传统美术的特征和价值。

第一节　传统美术概述

认识传统美术

一、传统美术的特征

传统美术是广大民众创造的各种视觉造型艺术，包括广泛流传于各民族、各地域的剪纸、年画、泥人、泥塑、刺绣、编织、风筝、民居建筑等，一般分为四大类，即民间绘画、民间雕塑、民间工艺、民间建筑。它们在广大劳动群众的生产生活中产生、发展、传播，存在于劳动人民衣、食、住、行等生活的各个方面。传统美术运用最乡俗的艺术语言和最大众化的色彩、造型、图案、形象，表达普通民众的理想、愿望与信仰，具有淳厚、质朴、积极乐观的感情色彩，散发着浓郁的乡土气息。

入选第一批国家级非物质文化遗产名录的民间美术共51项，包括入选联合国教科文组织人类非物质文化遗产代表作名录的中国篆刻、中国剪纸、热贡艺术，还有各民族各地域的木版年画、刺绣、泥塑、灯彩（花灯）、挑花、竹刻、竹编、玉雕、玛瑙雕、木雕、石雕、砖雕、衡水内画、藏族唐卡、塔尔寺酥油花等名扬中外的中国传统民间美术。第二批国家级非物质文化遗产名录中共有45项传统美术项目入选，包括入选联合国教科文组织人类非物质文化遗产代表作名录的中国书法，以及面人、面花、草编、柳编、麦秆剪贴、北京绢花、瓷板画、盆景技艺、建筑彩绘等。到目前为止，入选了五批国家级非物质文化遗产名录的传统美术类项目共139项。

概括来讲，传统美术有民俗性、地域性、工艺性等特征。

（一）民俗性

传统美术的特征与价值

民俗即民间风俗，它起源于人类社会群体生活的需要，在特定的民族、时代和地域中不断形成、发展和演变，为人民群众的日常生活服务。传统美术伴随着各种各样的民间风俗而产生，以其独特的形式和内容来表现其习俗特点，同时，它也随着习俗的发展而不断变化和完善。如年画、岁寒图、春牛图等，原是应年节、节气而生的，后来逐渐发展成为人民群众逢年过节常用的习俗用品。从某种意义上说，民俗活动是传统美术赖以生存和发展的基础与载体，而传统美术的内容与形式又充分反映了民间风俗的各种特征。两者是相互影响、相互依存的关系。

（二）地域性

传统美术是融合在具体的民俗生活中的，其产生、发展、传播都要受特定地域内地理、气候、物产等自然因素和人文因素的制约，民间艺人往往就地取材、因地制宜，利用当地资源进行传统美术的创造，由此而创作出具有独特地方风貌的作品，并稳定地在此地域流传。如江南的美术作品秀丽纤巧，而北方的美术作品则粗犷豪放。地域性特征是人类文化所共有的主要特征之一，传统美术作为造物的艺术，这种特征尤为明显。

（三）工艺性

传统美术的工艺性特征主要是指材料材质、制作工艺对于传统美术造型和功能所具有的意义。传统美术选用的材料多是廉价且易于取得的自然物质，如泥土、竹木、石料、丝绵、棕草、金属、贝壳、麻等。传统美术的创作过程十分注重对材料的开发和充分利用，以体现出材料自身的肌理、纹饰、硬度等自然形态特征。传统美术的工艺性特征与前面的各种特征密切关联，尤其是在建筑、器具、服饰等的设计上，艺人都会充分利用其材料特征，体现其工艺之美。

二、传统美术的价值

传统美术是组成各民族美术传统的重要因素，是一切美术形式的源泉。新石器时代的彩陶艺术，战国、秦、汉的石雕、陶俑、画像砖石，其造型、风格均具有鲜明的民间艺术特色；魏晋后，虽然贵族士大夫成为画坛的主导者，但版画、年画、雕塑、壁画创作则以民间匠师为主；流行于普通民众中的剪纸、农民画、刺绣、印染、服装缝制、风筝等直接来源于民众之手，装饰、美化、丰富了社会生活，表达了人民群众的心理、愿望、信仰和道德观念，世代相传又不断创新、发展，成为富于民族乡土特色的艺术形式。

传统美术与民俗活动关系极为密切，多用于民间的节日庆典、婚丧嫁娶、生子祝寿、迎神赛会等活动中，如年画、剪纸、春联、戏具、花灯、扎纸、符道神像、服装饰件、龙舟彩船、月饼花模、泥塑等。传统美术分布于各地，因地域、风俗的差异形成了丰富的品类和风格，同时又具有实用价值与审美价值统一的特点。它们的制作材料大都是普通的木、布、纸、竹、泥土，艺人们制作技巧高超，构思巧妙，常用人们熟悉的寓意谐音手法，表达对美好生活的向往和积极乐观的态度，富有浪漫主义色彩。

传统美术作品中所包含的真、善、美，丰富了人们的精神生活，有助于净化人们的心灵。民间艺人们在艺术作品中展现出了清新刚健、淳朴活泼的气质，抒发了一种积极向上、健康勃发的情怀，无形中给人们的生活和创作带来了有益影响，提高了人们的艺术鉴赏力，形成了健康向上的审美情趣。

传统美术是中国传统文化的重要组成部分，是民族精神的物化形式，在长达数千年的传承中，它与百姓生活血脉相融，蕴含着深厚的民族情感。传统美术是劳动群众为了满足自身与社会生活需要而创造的艺术，它的艺术形态代表着中华民族文化的本原宇宙观、美学观，它的造型方法与审美思维，孕育了质朴淳厚的美感，具有强大的生命活力。

第二节　凤翔泥塑

项目名称： 凤翔泥塑[①]

2006 年 5 月入选第一批国家级非物质文化遗产名录

类别： 传统美术

申报地区或单位： 陕西省凤翔县

编号： Ⅶ－47

一、凤翔泥塑概述

凤翔泥塑为陕西凤翔的一种民间美术，当地人称“泥货”。凤翔位于陕西关中地区西部，古称“雍”，为华夏“九州”之一的雍州中心地带。史载秦德公元年（前 677 年），秦自平阳迁都于此，修筑都城（雍城）。从秦德公元年至秦献公二年

① 陕西省宝鸡市凤翔区文化馆及凤翔区六营村.

（前 383 年），秦国共有 19 位国君以雍城为都，历 294 年之久。其中春秋五霸之一秦穆公在此建立了赫赫霸业。自秦汉以来，凤翔一直为关中西部政治、经济、文化、军事重镇和交通要道，也是汉唐时期古丝绸之路的重要通道。因此，这里孕育了悠远深厚的民族文化。

凤翔泥塑始于先秦时期，流传民间大约有 3 000 年之久，是我国最古老、最具民族和地方特色的传统手工艺之一，2006 年入选第一批国家级非物质文化遗产名录。

凤翔泥塑共有 300 多个花色品种，其中有半人高的巨型坐虎、虎头挂片，也有小到方寸的小兔、小狮；制作中使用黑黏土、大白粉、皮胶等，用模具定型，造型洗练、夸张，装饰华美富繁，色彩艳丽喜庆，形态稚拙可爱，在民间泥塑中独树一帜。凤翔泥塑以坐虎和虎头挂片最具特色，具有永保太平、镇宅避邪、迎祥纳福之意。

坐虎

凤翔泥塑集中表现了我国周秦汉唐以来跳脱张扬、热情奔放的艺术风格，汲取了古代石刻、年画、剪纸和刺绣中的纹饰特色，有先秦类似饕餮纹饰与图腾文化的神秘和古朴，也有汉唐的丰满圆滑与强悍威猛，憨态可掬，鲜活生动，质朴豪放，粗中有细。凤翔泥塑通过夸张的造型和丰富的色彩，表达了劳动者的纯朴情感，显示出北方民族粗犷豪放的性格特点。

二、凤翔泥塑的艺术特征

凤翔泥塑的艺术特征

凤翔泥塑造型粗犷夸张、浑圆古朴，色彩鲜艳且对比强烈，使用了众多的民间艺术符号，内涵丰富，深受百姓喜爱。

（一）造型特点

凤翔泥塑造型大胆夸张，简练概括，汲取和保留了汉代石刻和陶俑的造型特点，既有汉唐的丰满，又有远古饕餮纹饰的古朴。作品表现以正面居多，手感圆浑饱满，外轮廓美观流畅；色彩浓艳醒目，装饰华丽；形态生动，拙朴可爱。在神韵上，艺人善于抓住具体形象的特征，表现其本质特点。如常见的泥挂虎，艺人既概括了虎、狮、豹共有的凶猛特点，又大胆进行夸张处理，极富童趣，使泥老虎变为生气勃勃、浑厚、朴实、逗人喜爱的玩具老虎。凤翔泥塑还有一个造型特点是“添加”，即在主体泥塑边上添加一些小饰件泥塑，如各种花样和蝴蝶，用小弹簧接在主体泥塑上，产生一种动感。这种民族特有的造型方式不仅表现在“泥玩”上，民间“花馍”上也采用这种手法，不同之处是小饰件采用小竹签插在“花馍”主体上。民间戏剧头冠也采用这种添加小饰件的装饰方法，可见各种民间文化艺术的联系性。

（二）设色特点

凤翔泥塑的一个显著特色是色彩和造型完美结合，相互补充、相得益彰。凤翔泥塑作品包括彩绘与素绘（也叫白描）。彩绘的基本色为红、黄、绿三种，加上挂粉的白色与勾线的黑色，与中国传统的五行色一致。大红和绿色都是主色，玫瑰红为副色，黄色为陪衬色，起到增加画面亮度的作用。利用墨线对纯度高的原色进行勾勒、分割，这样形成的作品色彩鲜艳夺目且对比强烈，既具有较强的装饰性又有丰富的民间乡俗审美趣味。

彩绘牛

素绘牛

白描泥塑是在中国传统书法绘画的熏陶下产生的，是在白色作为底色的基础上，将各种人物、动物的情态与装饰纹样用墨线勾勒出来。这样形成黑白互补、相辅相成的效果，拙朴之中透着高雅，甚至可以在白描泥塑作品上再进行彩绘，比如把白色的底色彩绘成金色等，再施以红色或者黑色等纹饰，形成别具一格的大俗大雅、现代而又传统的风格。各种彩（素）绘纹样的装饰与概括洗练的造型浑然一体，生动地展示着每一个形象。

（三）符号特点

凤翔泥塑和其他民间工艺美术品一样，都使用了许多象征性艺术符号，因而作品的容量更大，内涵更丰富。使用最广泛的是花卉符号，其次是动物符号。

如在虎的脸颊部位饰以中国传统文化中十分具有代表性的金钱纹，寓意富贵。挂虎双眉为两条相对的鱼，鼻子中插着三根火红的辣椒，借之渲染虎的威猛。虎头的“王”字为牡丹所替代，寓意富贵。其他纹饰多为五谷、花草、蔬果的结合，反映了自然界生生不息、开花结果的永恒规律。虎头挂片上的纹饰也具有象征寓意：莲花，取其“连”字谐音，表连理之意，寓意吉祥之兆、和合美满；海棠，借指棠棣，也就是兄弟，祝喻子孙繁多，兄弟众多，和乐美满；牡丹，有“花中之王”“富贵花”的美称，开放的牡丹有“花开富贵”之意；石榴，寓意多子多福；艾草，有避邪驱毒的功效；辣椒，寓意威风厉害；贯钱，寓意招财进宝；花生童子，象征增寿宜子；等等。凤翔泥塑用象征性的表现手法寄托了劳动人民对幸福生活、健康长寿、逢凶化吉的美好期盼。

卧牛背部牡丹纹饰

一方水土养一方人，一方民俗成就了一方独具特色的民间艺术。千百年来的凤翔风情民俗，孕育出了具有古雍州地域特色的凤翔泥塑，深刻体现了中华民族民间艺术的审美价值。

三、凤翔泥塑的制作工艺

凤翔泥塑的制作工艺比较烦琐，每件作品都要经过多道工序才能制成。其工艺步骤主要有采土、砸泥、造型、制模、翻坯、合坯、粉洗、彩绘、上清漆等，具体如下。

凤翔泥塑的
制作工艺

（一）采土

凤翔泥塑的主要原料是六营村东边万泉沟内的观音土，人们常称其为“板板土”。这种土土质细腻，含沙量适宜，沙粒细而匀称，无杂质，是制作泥塑的上好原料。

采土

（二）砸泥

将采集的原始土放在石板上，用木骨朵（一种原始农具，形如古时仪仗中的骨朵，故而得名）砸碎研细，洒上清水，过 2 ～ 4 个小时，待土完全浸泡湿透后，再往泥内加入适量纤维，如麻纸和棉花纤维，反复捶打，直到纤维在泥内分布均匀，再举起泥团用力摔掼，排出泥中的气泡，使泥密实成块，制成符合要求的纸筋泥。

砸泥

（三）造型

造型是传统泥塑工艺中技术含量最高的一道工序，也是艺人手艺高低的分水岭，艺人们称之为“出楔子”。艺人常常根据自己的审美要求，先用手捏塑出大概形象，再借助于尖、圆、扁、方、斜、凹、凸和多齿等大小不同的工具，通过点、按、挑、刻、划等手法和小泥团、泥条的堆积，塑造形体，晾干后即成模型（楔子）。

造型

（四）制模

制模是将创作的作品制成翻坯用的模具。过去艺人使用的是泥制模具，即用以板板土为原料的纸筋泥制作模具。先把成型的模型放在平地上，再将纸筋泥擀成指头厚的泥片，盖在涂了植物油的模型上，双手用力挤捏，使其凹凸结合紧密，然后将其轻轻放入盛满草木灰的器皿中，待水分稍干，使纸筋泥与模型分离。凡是圆雕作品，都须将裹在模型外面的纸筋泥从中间部位切割成两半。这是过去艺人使用泥巴模具的制作方法，现在大量使用石膏模具，方法类似。

模具

（五）翻坯

先将纸筋泥揉成团状，用擀面杖擀成圆饼，再将泥饼覆于凹陷的模具中，用手反复挤压，使泥和模具紧贴，然后去掉边沿多余泥饼，晾晒至七成干后脱模即可。

翻坯

（六）合坯

除挂片浮雕作品外，圆雕泥塑都需要分别捏制前后两片，然后拼合成为整体。合坯前，要用湿软的泥条粘于原坯边沿，对茬黏合，然后用刀、竹等工具填平、抹光合茬高低不平的地方。有些儿童玩具，会在拼合时放入泥丸或小石子，使玩具晃动时发出声响。

（七）粉洗

先用清水搓洗泥坯，使表面湿透，再用白粉汤浇灌，然后用细砂纸打磨三次，使表面光润白亮。粉洗所用白粉是凤翔县城西边灵山脚下出产的白垩土，将白垩土采来后砸细，加入熬制好的经过稀释的胶液中，搅拌均匀制成白粉汤。

粉洗

（八）彩绘

主要步骤是先绘样再上彩。绘样也称勾线，即用墨线勾勒出作品的形象与神态。勾线分彩绘和素绘两种。素绘需要在全白的泥胎上一墨到底，除了勾出轮廓线外，还需要用墨线描绘出作品的细节和装饰符号，技艺要求较高。彩绘只需要勾出作品轮廓即可。

上彩指在彩绘作品上将用墨线勾出轮廓的部分分别填充色块。由于色彩是表现作品精神风貌的主要手法，因此要求必须按照泥塑品种的结构品类和趣味配色，艺人常用色彩为黑、白、红、绿、黄五行正色，这五种颜色合理搭配，可产生鲜亮、饱满的审美效果。

（九）上清漆

彩绘完成后，待颜料完全干透，在彩绘表层薄薄地涂上一至二层透明清漆，起到保护色彩不被水溶化的作用。至此，一件泥塑作品制作完成。

凤翔泥塑制作工艺中的勾线和上彩是两个关键性的步骤，要评断一件泥塑的成色如何，关键是看色彩是否鲜艳饱满、线条是否流畅洒脱、造型是否生动。

绘样上彩

包装

传承故事

非遗传承，要坚持两条腿走路

胡新明，非物质文化遗产凤翔泥塑项目国家级传承人。

胡新明从 20 世纪 70 年代开始跟随父亲学习制作泥塑，40 多年间创作了 200 多件（套）泥塑作品。为了攻克泥塑作品在运输过程中容易破碎这一难题，他花了两年多时间，进行了数百次试验，终于研制出了“摔不烂”的防破碎泥塑。后又经过改良，把加入泥塑中的糯米米油全部撇掉，只留下清亮的米汤，解决了白色泥塑阴干后泛油发黑的问题。

2006年，胡新明建造了占地约3 000平方米的西府民间艺术博览园，建成了系统化生产的作坊。2009年，随着泥塑的生意越做越大，胡新明又注册成立了凤翔县新明民俗文化传承有限公司。随着产业化的运作，凤翔泥塑成了一个著名的品牌，走出了国门。

胡新明认为，要传承民间工艺，首先要看市场，如果没有市场，非遗传承就是空谈。“如果凤翔泥塑没有市场，我也不会造一屋子泥塑放家里，自己堆着自己看。”所以，对于民间工艺从业者来说，首先要懂市场。“我们要清楚地看到社会生活的变化，人们的生活环境变了，从土房子搬进了楼房，过去用来装饰屋子的饰品、民俗活动所用到的工艺品都变了。比如，现在家家都是玻璃窗，还有多少人会贴窗花？过去结婚时，村里人都送泥塑，现在谁结婚还会送泥塑？年画、皮影、泥塑，很大程度上都成了收藏品，博物馆收藏它们，艺术爱好者收藏它们，普通大众买的人就很少了。这种情况下，民间工艺产品的市场需求保障不了非遗传承过程中所需要的生产力，没有市场保障，传承是很困难的。在这种情况下，我们要思考：怎么才能满足人们对民间工艺产品的消费需求？我们不能墨守成规，要有自我总结和自我创造的能力。”

胡新明说：“我一直坚持两条腿走路：第一条腿，是把我们最传统的、最经典的作品，每一件都做成精品，甚至可以说是做成‘收藏级’的极品，这是我们对非遗传承的责任，是对优秀传统文化一丝不苟的传承；第二条腿，是我们结合传统文化，利用传统的元素进行新的创作，比如，我们把泥塑文化中的图形、图案、造型、纹饰、彩绘等用到服装和日用品的生产中，使我们的泥塑文化和大众的日常消费需求结合起来。”

除了努力拓展市场外，胡新明还在2006年成立了凤翔泥塑传习所，进行非遗技艺传习。传习所以泥塑技艺教学为主要活动，除了泥塑，还有年画、刺绣、剪纸、漆器、脸谱等不同技艺的教学。近些年来，响应国家的号召，传习所组织人们来学习，通过教授一门手艺，让他们获得安身立命的本钱。传习所还和十几所院校签订了合作协议，帮助培养手工艺人才。

两条腿走路，既要把传统的优秀工艺做成“国宝级”的产品，又要把传统文化符号加入日常消费品生产中，促进市场的发展；两条腿走路，既要开拓市场，又要进行教育传承，只有培养优秀的手工艺人才，优秀民间工艺才能一代一代地传承下去。

第三节　凤翔木版年画

项目名称： 凤翔木版年画①

2006 年 5 月入选第一批国家级非物质文化遗产名录

类别： 传统美术

申报地区或单位： 陕西省凤翔县

编号： Ⅶ－12

一、凤翔木版年画概述

陕西凤翔地区有着深厚的文化积淀，独特的民间风俗孕育了泥塑、年画、剪纸、刺绣、皮影等丰富多彩的民间美术。凤翔木版年画一直是西北地区人民喜闻乐见的民间艺术，也是我国最古老、最具有民族和地方特色的优秀传统手工艺之一，2006 年入选第一批国家级非物质文化遗产名录。

木版年画是由古时的门神画发展演变而来的，大约在宋代，随着雕版印刷业的发展，木版年画逐渐取代了手工绘制的门神画。随着诗词、戏剧、话本文学的兴起，年画题材也逐渐扩展到历史人物、神话传说、民间故事和戏曲故事。凤翔木版年画一直以家庭作坊（具有一定生产规模与知名度的作坊，都取名立号称为“画局”）的形式生产、销售。每个画局的年生产量一般在 10 万张以上。据资料记载，清道光十五年（1835 年），凤翔北小里村、南小里村、陈村镇的上营村等有画局 40 多家，从事木版年画印制的农户有 100 多户，至 1929 年，全县有画局六七十家。

凤翔木版年画印制技术的发展经过了三个阶段。最初是用墨单色印刷，印出墨线，人工用笔染上不同的颜色。道光年间，由人工染色发展为套色印刷，套色印刷大幅提高了木版年画的产量与质量，这种印刷方式一直沿袭至今。清末民初，南小里村“世兴画局”独创了画面“套金描银”工艺，使年画画面更显得华丽。同时，以生产窗画为主的一些画局采用不着墨痕、纯粹套色而印制彩画的技艺，进一步提高了年画产量。1930 年前后，凤翔木版年画无论是在生产规模、生产技艺还是工艺水平上都臻于鼎盛，品种已达 400 余种，仅“世兴画局”一家年产量就达 420 万张。

一年一度的年会活动和农时节令，是木版年画产生的基础。每逢年会和农时节令，家家都要张贴年画，既寄托人们的美好愿望，也增添了节日的喜庆氛围。

① 陕西省宝鸡市凤翔区文化馆和凤翔区南小里村.

凤翔木版年画按张贴的地点可分为门神画、祭祀神画、窗画、墙画和中堂画等种类。家宅六神画还配以对联，既表示人们对神灵的敬畏，又寄托对未来生活的期盼，如土地神画两旁的对联是“土中生白玉，地内产黄金”，灶神画两旁的对联是“上天言好事，下凡降吉祥”。到了谷雨节，农户要张贴谷雨画，谷雨画有《单鸡》《张天师降五毒》《春牛图》等，是祛邪镇宅、令毒虫远避的镇物。《春牛图》上印有当年二十四节气日期，如果本年节令早，画面上人走在牛前，如果本年节令来得迟，画面上人走在牛后，告诉人们要快“牛”加鞭，所以也有指导农事的作用。凤翔民间流传着大量的神话传说，古典名著中的故事老幼皆知，于是被艺人称为“戏文画”的木版年画品种应运而生，这类年画品种繁多，印量仅次于神像画，其中有取材于三国故事的《回荆州》，取材于封神故事的《黄河阵》，取材于传说故事的《八仙过海》等。这类画以组画的形式印制，每组画都贯串着一个完整的故事，一方面可装饰房屋，另一方面可对儿童进行传统文化的启蒙教育，实用性很强。艺人还依据当时当地的风俗民情和人们的日常生产生活场景创作出了相当数量的风俗画与写实性生活画，如《女十忙》《男十忙》《耕读渔樵》《纺织图》等。风俗画不仅是精美的艺术品，也是那个时代农业生活的真实记录，形象地记录了当地传承近千年的民俗。

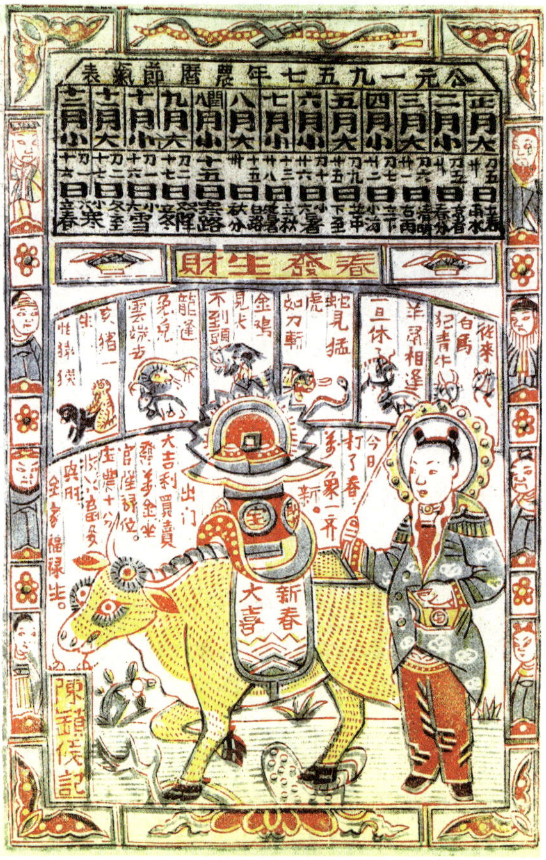

《春牛图》

二、凤翔木版年画的艺术特征

凤翔木版年画的艺术特征

凤翔木版年画产生于西北地区的民间，民间艺人在农忙时种地，农闲时从事年画业。艺人们从千百年流传下来的神仙造像、民间传说与古典文艺作品中的人物故事和自然界的花、草、鸟、兽中提取创作素材，按照农民的审美观念、风俗习惯进行艺术再现，使凤翔木版年画有着典型的农民画特征。

(一) 采用象征手法，表达祈祥纳福的愿望

凤翔木版年画常采用象征手法，借喻吉祥如意、人寿年丰。年画《连年有余》《连生贵子》中的莲花取其谐音“连”，表达“连理”之意，并以枝干连理为吉祥之兆。另外，“余”和“鱼”谐音，“吉”和“鸡”谐音，石榴暗喻多子，蝙蝠常饰在画面的边缘，取其谐音“福”，牡丹花开寓意吉祥富贵。

《大吉利》(郜立平作品)

(二) 造型夸张、粗犷，构图饱满

门神图案是凤翔木版年画中流传下来的古老图案，经过艺人千百年来的加工改进，该图案趋于完美，充分体现了凤翔木版年画的特色。以骑马的秦琼、敬德武门神画为例，把头与全身比例由 1∶7 夸张为 1∶4，把武将的身材夸张得比马大，显得武将头大膀阔、威武有力。同时，吸收了秦腔脸谱的变形艺术，把敬德的面容处理得双眉直竖、双眼喷火，下巴处宽了许多，以示怒容，从而使其面部气聚神凝、庄严生动。

门神敬德、秦琼（郜立平作品）

（三）色彩对比强烈

凤翔木版年画的颜色以红、绿对比色为主，再配以黄与紫、黑与白（纸的原色）色彩的对比，从而使画面艳丽、抢眼，以较少的色彩获得了较好的效果，符合农民装饰居室的习惯。同时，艺人在实践中，又注意布局均衡和色彩的协调，运用柔性的间色调节大色块，形成了整个画面色彩鲜艳而不刺眼、对比强烈而又和谐的艺术风格。

《四时报喜》

凤翔木版年画的制作工艺

三、凤翔木版年画的制作工艺

经过数百年的传承发展，凤翔木版年画形成了自己独特的行业习俗和一套完整而精湛的制作工艺。凤翔木版年画早期保持着先印墨线主版，然后由人工手绘染色的生产方式，直到清代中期以后，发展为套版彩印成画。其工艺步骤主要有起稿朽样、刻版雕画、套版印刷等，具体如下。

（一）起稿朽样

用木炭棒在稿纸上勾画大样，再用烧出黑炭的香头修改局部，描画细节。

起稿朽样

（二）刻版雕画

1. 錾版

用中号平口刀沿线条两边錾线，深度约为 5 毫米，顺序是先里后外、先横后竖，把画面中大块空白处的木板錾掉。

2. 渗油

在錾过的版上渗上精油，一般要渗三次，每次间隔 6 ～ 12 小时。

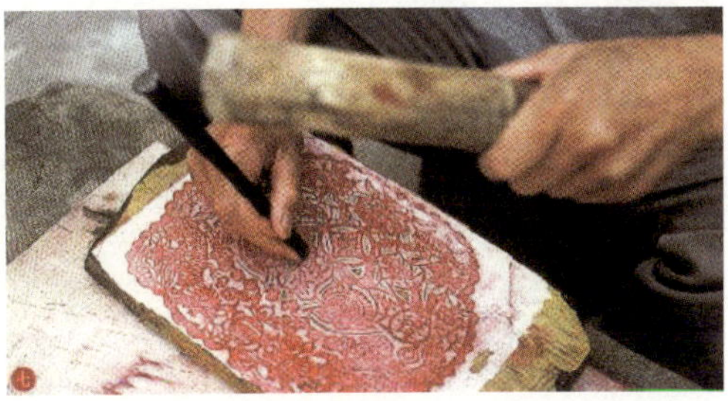

錾版

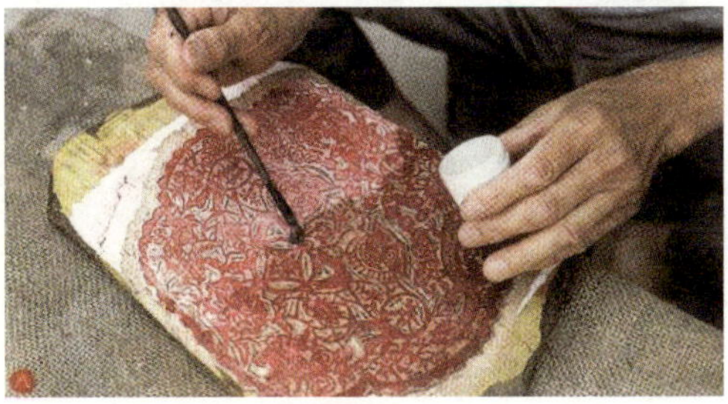

渗油

3. 刻版

油渗好后，先用大号角刀把大空白处的长线条刻好，再用小号角刀刻短、细线条，后用指甲花刀刻圆线条。

4. 刻套色版

按照一色一版的原则，由浅至深逐一描绘出各种色彩的套色版样，再进行套色版的雕刻工作。

刻版

刻套色版

（三）套版印刷

1. 刷墨

印年画的第一道工序是印线稿，一般用黑色。刷墨时，用刷子均匀地把墨刷在线版上。

2. 印画

把纸覆盖在刷好墨的画版上，用推子（由棕制成）轻轻刷压即可。要求用色干湿适度，印刷出的线条清晰、明确。

刷墨

印画

3. 印色版

线稿印制完成后，即可印色版。按照由浅至深的顺序逐一套印。

4. 印深色版

色版印刷越到深色越难掌握，一般由手艺熟练的艺人在最后完成此道工序。

印色版

印深色版

传承故事

抢救恢复凤翔木版年画

——国家级传承人邰立平口述

我1952年出生，6岁时就跟随祖父学习年画制作，9岁时在父亲的教导下已能独立刻版。后来，我学会了木版年画的全套工序，成为专职的年画生产者。此后几十年，我一直从事恢复年画制作。

改革开放后，整理、抢救、挖掘、恢复凤翔传统年画成为我年画生涯的重要工作。为此，我跑遍了陕西省群艺馆、西安美术学院、陕西省图书馆等单位，从这些单位复刻回不少凤翔年画画样，自己摹刻下来，再修改，才有了今天我们看到的凤翔年画的面貌。为了凤翔年画的恢复，我跑了很多路，做了很多工作，也多亏了陕西省的一些专家、学者的热心帮助，他们有的从艺术指导的角度、有的从提供资料的角度、有的从宣传方面，无时无刻不在关心凤翔木版年画的恢复工作。我经常说凤翔木版年画迎来了好的机遇，一个是1978年以后，政策开放了，这也是我们几十年以来等到的好时代；另外一个就是遇到了这些帮助我的老师，他们都是省里面的专家，也是从开始到现在一直在关心凤翔木版年画发展的人。有了他们的帮助，再加上我父亲和我两代人的不懈努力，1980年，我们恢复了凤翔年画70多个品种，到现在已经恢复到了300多个品种。后来发现的品种越来越少，恢复工作也越来越难做，到现在发现一个老品种都很难了。除了搜集画样，1980—1986年，我还将恢复出来的画样刻成木版，数量达2 000余块，算是超负荷的工作量。

从1983年开始，我们凤翔年画走出本地，到中央工艺美院举办展览，然后又到中央美院办展，这两次展览在北京引起很大反响，凤翔年画第一次走入艺术院校，开始被外界知晓。从此以后，凤翔年画每年都在外地举办多次展览，走进了艺术界和收藏界。1994年，凤翔年画第一次走出国门到澳大利亚澳华博物馆办展；1999年，又到法国巴黎联合国教科文组织大厦举办展览。进入新世纪后，外出办展更加频繁，我每天的生活除了做年画就是到外地办展，总结多次展览的经验，我认为在创作中必须保持自己的风格和特点，如果这个变了，那凤翔年画也就会失去自己的艺术价值。

与此同时，我将30多年来挖掘、整理、复制的凤翔木版年画280余种（套）编辑成《凤翔木版年画选》手印线装本，由张仃先生题写书名，中央美院薄松年教授作序，一、二卷已分别于1992年、1997年出版，第三卷墨线本于2023年出版。在此期间，我也获得了不少荣誉，2006年、2007年我先后被评为中国工艺美术大师和国家级非物质文化遗产代表性项目代表性传承人。如今我还担负着培养年轻一代传人的任务，2011年，我创办了“陕西邰立平木版年画传习中心”，希望能培养更多的后继者，创作更多的年画作品回馈社会。

相关链接

1. 传统美术入选国家级非物质文化遗产名录的标准

第一，具有长期的民间传承历史；

第二，至今还在民间活态传承，对民众生活起着重要作用；

第三，具有鲜明的风格和独特的技法；

第四，具有丰富的文化内涵及独特的群众审美价值。

2. 入选第一批国家级非物质文化遗产名录的传统美术（见表 8－1）

表 8－1　入选第一批国家级非物质文化遗产名录的传统美术（51 项）

序号	编号	项目名称	申报地区或单位
1	Ⅶ－1	杨柳青木版年画	天津市
2	Ⅶ－2	武强木版年画	河北省武强县
3	Ⅶ－3	桃花坞木版年画	江苏省苏州市
4	Ⅶ－4	漳州木版年画	福建省漳州市
5	Ⅶ－5	杨家埠木版年画	山东省潍坊市
6	Ⅶ－6	高密扑灰年画	山东省高密市
7	Ⅶ－7	朱仙镇木版年画	河南省开封市
8	Ⅶ－8	滩头木版年画	湖南省隆回县
9	Ⅶ－9	佛山木版年画	广东省佛山市
10	Ⅶ－10	梁平木版年画	重庆市梁平县
11	Ⅶ－11	绵竹木版年画	四川省德阳市
12	Ⅶ－12	凤翔木版年画	陕西省凤翔县
13	Ⅶ－13	纳西族东巴画	云南省丽江市
14	Ⅶ－14	藏族唐卡（勉唐画派、钦泽画派、噶玛嘎孜画派）	西藏自治区 四川省甘孜藏族自治州
15	Ⅶ－15	衡水内画	河北省衡水市
16	Ⅶ－16	剪纸（蔚县剪纸、丰宁满族剪纸、中阳剪纸、医巫闾山满族剪纸、扬州剪纸、乐清细纹刻纸、广东剪纸、傣族剪纸、安塞剪纸）	河北省蔚县、丰宁满族自治县 山西省中阳县 辽宁省锦州市 江苏省扬州市 浙江省乐清市 广东省佛山市、汕头市、潮州市 云南省潞西市 陕西省安塞县
17	Ⅶ－17	顾绣	上海市松江区
18	Ⅶ－18	苏绣	江苏省苏州市

续表

序号	编号	项目名称	申报地区或单位
19	Ⅶ－19	湘绣	湖南省长沙市
20	Ⅶ－20	粤绣（广绣、潮绣）	广东省广州市、潮州市
21	Ⅶ－21	蜀绣	四川省成都市
22	Ⅶ－22	苗绣（雷山苗绣、花溪苗绣、剑河苗绣）	贵州省雷山县、贵阳市、剑河县
23	Ⅶ－23	水族马尾绣	贵州省三都水族自治县
24	Ⅶ－24	土族盘绣	青海省互助土族自治县
25	Ⅶ－25	挑花（黄梅挑花、花瑶挑花）	湖北省黄梅县 湖南省隆回县
26	Ⅶ－26	庆阳香包绣制	甘肃省庆阳市
27	Ⅶ－27	象牙雕刻	北京市崇文区 广东省广州市
28	Ⅶ－28	扬州玉雕	江苏省扬州市
29	Ⅶ－29	岫岩玉雕	辽宁省岫岩满族自治县
30	Ⅶ－30	阜新玛瑙雕	辽宁省阜新市
31	Ⅶ－31	夜光杯雕	甘肃省酒泉市
32	Ⅶ－32	金石篆刻（西泠印社）	浙江省杭州市西泠印社
33	Ⅶ－33	青田石雕	浙江省青田县
34	Ⅶ－34	曲阳石雕	河北省曲阳县
35	Ⅶ－35	寿山石雕	福建省福州市
36	Ⅶ－36	惠安石雕	福建省惠安县
37	Ⅶ－37	徽州三雕、婺源三雕	安徽省黄山市 江西省婺源县
38	Ⅶ－38	临夏砖雕	甘肃省临夏县
39	Ⅶ－39	藏族格萨尔彩绘石刻	四川省色达县
40	Ⅶ－40	潮州木雕	广东省潮州市
41	Ⅶ－41	宁波朱金漆木雕	浙江省宁波市
42	Ⅶ－42	乐清黄杨木雕	浙江省乐清市
43	Ⅶ－43	东阳木雕	浙江省东阳市
44	Ⅶ－44	漳州木偶头雕刻	福建省漳州市
45	Ⅶ－45	萍乡湘东傩面具	江西省萍乡市
46	Ⅶ－46	竹刻（嘉定竹刻、宝庆竹刻）	上海市嘉定区 湖南省邵阳市

续表

序号	编号	项目名称	申报地区或单位
47	Ⅶ－47	泥塑（天津泥人张、惠山泥人、凤翔泥塑、浚县泥咕咕）	天津市 江苏省无锡市 陕西省凤翔县 河南省浚县
48	Ⅶ－48	塔尔寺酥油花	青海省湟中县
49	Ⅶ－49	热贡艺术	青海省同仁县
50	Ⅶ－50	灯彩（仙居花灯、硖石灯彩、泉州花灯、东莞千角灯、湟源排灯）	浙江省仙居县、海宁市 福建省泉州市 广东省东莞市 青海省湟源县
51	Ⅶ－51	嵊州竹编	浙江省嵊州市

思考与练习

1. 学习了解中国四大泥塑——天津泥人张、惠山泥人、凤翔泥塑、浚县泥咕咕，对四种泥塑从地域特征、历史成因、风格特点等方面进行比较。

2. 临摹绘制凤翔泥塑的花卉纹饰，并运用在衣服纹饰和其他产品设计上。

石榴牡丹纹

海棠纹

临摹工具准备：笔、纸，画板或画夹，颜料（彩铅、马克笔、水粉、水彩等均可）。其他相关设备准备：拷贝台。也可从本课程里挑选临摹对象，复印图片或印刷品均可。

第九章　传统技艺

学习目标

知识目标

1. 掌握传统技艺的特征和价值。
2. 了解景泰蓝制作技艺和景德镇手工制瓷技艺。

技能目标

1. 能用传统技艺"泥条盘筑法"制作日常器皿，传承与应用传统技艺。
2. 能临摹传统纹饰，发掘传统技艺的审美价值和文化价值。

素质目标

通过学习手工艺制作的传统技艺，培养耐心细致、精益求精的职业工匠精神。

传统技艺（也指传统手工技艺，在2008年公布的第二批国家级非物质文化遗产名录中将“传统手工技艺”修改为“传统技艺”）是指以传统手工劳动进行制作的具有独特艺术风格的工艺技艺，其与大工业机械化方式批量生产的技术有根本的区别。传统技艺是普通民众勤劳智慧和创造能力的结晶，是中华传统文化中的宝贵财富。本章以入选第一批国家级非物质文化遗产名录的“景泰蓝制作技艺”和“景德镇手工制瓷技艺”为例介绍传统技艺的特征和价值。

第一节　传统技艺概述

传统技艺的特征和价值

一、传统技艺的特征

传统技艺指历史上传承下来的手工业技术与工艺，是我国非物质文化遗产的一个重要组成部分。手工技艺与人民的衣、食、住、行、用等日常生活和社会生产劳动密切相关，既具有明显的日用价值、经济价值，又具有较高的审美艺术价值、科学人文价值及历史价值。传统技艺具有地域性、异质性和多样性的特点，它是一个地区或民族的文化表征，是人类文化多样性的重要表现。

我国是传统技艺大国，传统技艺源远流长、种类丰富，大体可分为以下几类：（1）工具和机械制作；（2）农畜产品加工；（3）烧造；（4）织染缝纫；（5）金属工艺；（6）编制扎制；（7）髹漆；（8）造纸、印刷和装帧；（9）制盐、制笔、制墨及颜料装备、火药装备、烟花爆竹制作等技艺。有些传统技艺同时也是精美的传统美术。

入选第一批国家级非物质文化遗产名录的传统手工技艺共89项，包括入选联合国教科文组织人类非物质文化遗产代表作名录的中国雕版印刷技艺、龙泉青瓷烧制技艺、宣纸制作技艺、黎族传统纺染织绣技艺等。第二批国家级非物质文化遗产名录中共97个传统技艺项目入选，包括入选联合国教科文组织人类非物质文化遗产代表作名录的中国木拱桥传统营造技艺、中国蚕桑丝织技艺。到目前为止，入选了五批国家级非物质文化遗产名录的传统技艺类项目共 287 项，是项目数量最多的一种类型。

概括来讲，传统技艺有实践性、地域性、相对共享性等特征。

（一）实践性

手工技术和机器加工技术最主要的差异在于，二者虽然都有一定的技术标准和规范，但是由于手工技术必须依赖于制作者的手，人的手和脑相应地会形成一种技术体验感，而这种体验感将会融进个体的创新实践。传统技艺具有“日用即美”的工艺实践性特征。

人类的造物行为源自生活的实践性需求，“日用即美”原则正是对实践性的抽象和提升。手工生产始于自己生产、自己使用，随着工艺的职业化，工艺品逐渐成为商品。手工技艺的物料节约性，以及技术程序的烦琐性特点，使人们对手工艺品倾注了浓厚的感情，人们才会倡导“物尽其用”。手工艺品可以流传几代，这是手工艺时代人们的生活原则和经验，而这种经验总结体现了手工艺品的实践性特征。

（二）地域性

传统技艺的地域性特征来自自然地缘和文化地缘两个方面。手工业脱胎于农业，“靠山吃山、靠水吃水”“一方水土养一方人”，这些谚语都投射出农业社会中地缘环境对人类生活的强烈影响。地理、气候、物产等自然因素，对人类的语言、观念、礼俗等生活模式及思维方式产生影响，从而形成区域性的多样文化生态。自然地理条件与社会人文环境之间有必然的互动关系。比如，我国中原、西北一带盛产小麦，人们喜用面食，因而形成了极为丰富的面食制作技艺，包括用于祭祀礼俗的面花工艺；南方气候温润，多生藤竹，因而南方竹艺藤编优于北地。这种地域性的物质生活方式和文化生态往往成为农业社会中的人文地理标志，至今依然在我们的生活中发挥着重要作用。

（三）相对共享性

和所有的非物质文化遗产一样，传统技艺也具有活态性特征，“口传心授”是其文化的主要传播和沿承方式。在传统的师徒相授机制中，很多初学的弟子常常不能多问师傅，而要做到“细心留意”“心领神会”，甚至通过“偷艺”的方式来习得关键技艺。在手工艺的学习中，眼观、心领和神会很重要，接下来便是身体对于手艺的体验和磨炼。口传心授的文化传承方式，决定了其活态性特征。

作为一种知识形态，传统技艺既有强烈的个体性特性，又有群体性特征，无论是家庭作坊、城镇行会还是宫廷官方的手工艺形态，都具有各自掌控技术分配的方式。

有的技术属于公开的知识资源，如广泛流传于民间的剪纸和刺绣技艺，但其开放共享性也不都是绝对的，比如某些具有创新性的特殊绣技，仍然属于私密性的知识资源。有的技术则属于极端保密的知识资源，如四川夹江县宣纸技艺的部分造纸环节，是绝对保密的资源，但在工匠艺人那里是不可能守住的“公开的秘密”。

二、传统技艺的价值

传统技艺是一种满足人们物质及精神生活需要的造物艺术。传统技艺在人的身体劳作实践中逐渐形成，并成为人自身精神力量的体现，它是实践的智慧，是身体劳作的智慧。传统技艺是生活的真实反映，与大机器生产判然有别，它不仅仅是劳作的技巧，更承载着一个民族的造物智慧，建构了整个民族的物质文化基础，蕴含着精湛的技术与丰富的内涵，以直接或间接的形式承载着整个社会的生活方式、生产方式和价值观念。传统技艺是典籍之外的一支活态文化，承载了民族文化的历史、特性、精神等，是民族文化的生动表征，是民族乡愁的载体。

传统技艺不仅仅是一种生活实践中形成的造物技术，同时也是一种生活方式和民俗文化。在传统社会中，手工艺与生活的方方面面相契合，不同的劳动者群落就是不同手工艺人的集合，手工艺在传统社会中扮演着极为重要的社会角色，有些传统手工艺技术还与人的道德伦理紧密结合，成为影响其人生环节的重要技术形态。比如旧社会中的女红，无论是贫寒人家还是殷富大户，女性对于女红手艺的掌握已经超出了对于生活实际的需求，而成为通过技艺表达自己聪慧、贤德、勤劳品质的一种必然途径。

传统技艺是中国传统文化的母体，是民族情感、个性特征和民族凝聚力的载体，是中华民族文化艺术的瑰宝，也是人类文化多样性的一种表现。传统技艺是生产者的艺术，它出自民间、服务于民间，将实用和审美融合于一体，带有物质和精神的双重性，传承传统技艺，在社会、经济、文化和政治等诸多方面都有着重要的意义。

第二节　景泰蓝制作技艺

项目名称：景泰蓝制作技艺[①]

2006年5月入选第一批国家级非物质文化遗产名录

① 北京市珐琅厂有限责任公司.

类别：传统技艺

申报地区或单位：北京市崇文区①

编号：Ⅷ－43

一、景泰蓝的艺术特征

景泰蓝的艺术特征

景泰蓝的学名为“铜胎掐丝珐琅”，是我国著名的传统工艺品，属于金属工艺与珐琅工艺的复合工艺品。明朝的景泰年间（1450—1457年），铜胎掐丝珐琅工艺已经成熟，其形制、纹饰、釉色等方面都已达到很高的艺术水平，尤其是蓝色釉料有了新的突破，形成了独特的民族艺术风格，给人以高贵华美的艺术享受，故得名“景泰蓝”。

景泰蓝制作工艺复杂，原料贵重，生产成本高，釉料配制和烧造技术难度大且要求严格，一直为皇家所垄断。北京是景泰蓝主要的发祥地和最为重要的产地，明代的御用监和清代的造办处均设有为皇家服务的珐琅作坊。

掐丝珐琅缠枝莲纹乳足熏炉（清）

景泰蓝制作技艺自元末明初开始兴盛，到明代景泰年间发展成熟。清代是景泰蓝制作技艺发展的又一高峰期，其制品造型多样，图案花纹富于变化，掐丝技术的匀称精美达到了空前的水平，色彩丰富，整体趋向精美秀丽，风格上不仅继承发展了明代景泰蓝豪华、古典、雅致的民族风格，而且开始向纤巧绮丽、富贵奢华转变，乾隆时期是清代掐丝珐琅的鼎盛时期。

① 2010年7月1日，国务院正式批复了北京市政府关于调整首都核心功能区行政区划的请示，同意撤销北京市东城区、崇文区，设立新的北京东城区。

卧羊尊（清）

民国至新中国成立前，由于局势动荡，景泰蓝制作技艺及行业处于低迷甚至奄奄一息的状态。新中国成立后，党和政府对景泰蓝传统工艺进行扶持、保护。改革开放后，随着对景泰蓝制作技艺的保护和抢救，景泰蓝在继承传统的基础上进一步发展，形成了具有鲜明时代感的新风貌。2006 年，景泰蓝制作技艺入选第一批国家级非物质文化遗产名录。

景泰蓝制作技艺复杂，工序繁多，既运用了青铜和瓷器工艺，又融入了传统手工绘画和雕刻技艺。景泰蓝制品形体可大可小、可繁可简。大的器物既不失青铜器的气概与魄力，又比青铜器轻巧富丽；小的可模仿瓷器的造型，清秀可爱，却比瓷器坚固。在掐丝效果上，景泰蓝有金银错优美辉煌的特色，又比金银错丰富华丽。其釉料色彩和镀金既有丝绸织锦的繁华艳丽的效果，又有瓷器般明亮、滑润的质感。景泰蓝浑厚凝重、富丽典雅，具有独特的民族艺术风格和深刻的文化内涵，堪称中国传统工艺集大成者。

景泰蓝的艺术特征可用“形、纹、色、光”四字来概括。首先要有良好的造型，由制胎来实现；其次要有优美的装饰花纹，产生于掐丝；再次要有华丽的色彩，靠的是蓝料的配制；最后要有亮丽的光泽，有赖于打磨和镀金。景泰蓝继承并汲取了青铜艺术、金银错镶嵌艺术、陶瓷艺术、织锦刺绣艺术的精华，形成了绚丽多彩、富有民族气息的艺术风格。

景泰蓝制作技艺的工艺过程

二、景泰蓝制作技艺的工艺过程

制作一件景泰蓝产品，需要经过设计、制胎、掐丝、点蓝、烧蓝、磨光、镀金等多道工序才能完成。

（一）设计

设计包括造型设计、纹样设计、配色设计等。景泰蓝设计受到胎型、丝工工艺、釉料、纹样线条的限制，创作构思时，需要充分考虑到制作工艺的特点，使设计意图能够通过产品准确表达出来，营造出和谐的美感。

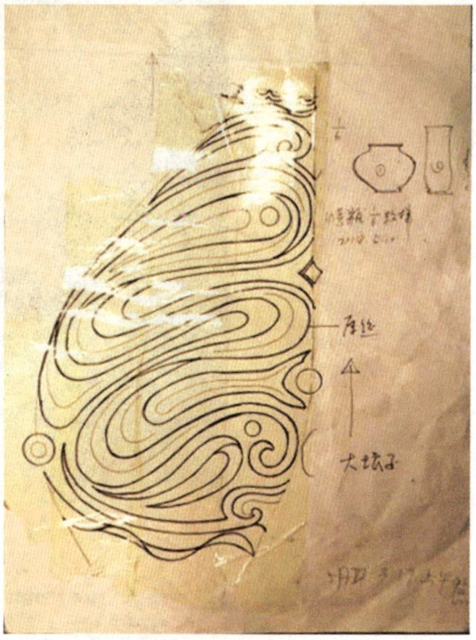

景泰蓝设计图纸

（二）制胎

制胎是景泰蓝产品的器型制作环节，按照设计的品种、形式，用紫铜板经过剪裁、捶打、压等工序制成各种胎型，再将其各部位衔接起来上好焊药，经过高温焊接，焊合成为铜胎器皿。明清时有铸胎、剔胎、钻胎工艺，随着现代工艺技术的发展，现在部分初胎利用机械进行车、压、滚、旋等工艺，实行机械制胎。

铜胎敲制

（三）掐丝

掐丝是很关键的工序，行内亦称掰丝、掰活。用镊子将压扁了的具有韧性的细紫铜丝按图案设计稿掐、掰成各种精美的图案纹样，再蘸上白及糨糊将其黏附在铜胎上（称为“粘丝”），然后筛上银焊药粉，经 900 度的高温焙烧，将铜丝花纹牢牢地焊接在铜胎上。掐丝技艺巧妙，掐丝师傅需要具备纯熟的技巧，才能掐出生动流畅、富有神韵的图案。

掐丝

粘丝

（四）点蓝

先将铜丝烧焊到胎体上，焊好丝的胎体经过酸洗、平活、整丝后便进入点蓝工序。所谓点蓝，也称上釉，就是用蓝枪（金属小铲）把各种碾细了的珐琅釉料填入丝纹空隙中。操作时要求手稳眼准，确保蓝料准确填入，不溢出轮廓线，而且，蓝料的厚度要均匀。工艺师通常会分区点蓝，确保颜色过渡自然、边界清晰。

（五）烧蓝

烧蓝是把点上釉的胎体放入炉温大约 800 度的高炉中烘烧，使蓝料色釉由砂粒状固体熔化为液体，凝结在铜胎和花丝上，熔凝的色釉冷却后成为固着在胎体上的绚丽的色釉，此时色釉低于铜丝高度，所以得再填一次色釉，经烘烧，一般要连续三四次，直至将纹样填到与掐丝纹相平。在烧蓝时，需要把握好炉温。

点蓝工具

釉料

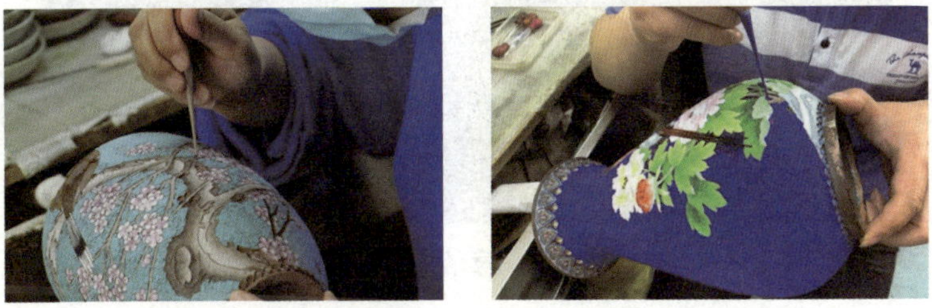

点蓝

烧蓝

（六）磨光

磨光又叫作“磨活”，分为刺活、磨光、上亮等程序。磨光是用金刚石、黄石、木炭分三次将凹凸不平的蓝釉磨平，将釉料的大约 2/3 磨去，留 1/3。凡不平之处都需经补釉烧熔后反复打磨，最后用木炭、刮刀将没有蓝釉的铜线、底线、口线刮平磨亮，使产品表面平、整、光、滑、亮。把经过二火（二次点蓝烧制）的胎体用金刚石磨平叫刺活，用黄石、木炭磨活叫磨光。磨活是整个景泰蓝生产工序中最苦最累的一道，手工磨光是历史上沿袭下来的最原始的生产方式，现在一般采用电动磨光机，节省了大量人力，但异形产品仍需要采用传统的手工式磨光。

磨活

（七）镀金

镀金是景泰蓝制作技艺中最后一道主要工序，是为了防止产品的氧化，使产品更耐久美观，在产品的表面镀上一层黄金。磨平、磨亮的景泰蓝经酸洗、去污、沙亮后，将其放入镀金液槽中，通上电流，几分钟后黄金液便牢牢附着在景泰蓝金属部位上了。再经水洗冲净、干燥处理后，整套的景泰蓝生产工序至此完成。

镀金

成品

传承故事

梁思成、林徽因与景泰蓝的故事

说到景泰蓝工艺的保护与传承，梁思成和林徽因功不可没。新中国成立初期，景泰蓝生产行业处于停滞萎缩状态，党和政府采取了抢救、保护和扶持的政策。1950 年 6 月，北京市政府成立了北京市特种工艺品公司，生产和发展景泰蓝工艺品。同时，清华大学营建系在梁思成、林徽因教授的主持下也成立了美术小组，抢救濒于灭绝的景泰蓝。其中还有一段故事：一天，林徽因和梁思成来到了海王村（现北京琉璃厂）。在一个旧古玩摊上，一只景泰蓝花瓶吸引了林徽因的目光，她拿在手上仔细观赏着。摊主是一位老者，见林徽因很喜欢这只花瓶，便说：“二位先生还是有眼力的，这是正宗老天利的景泰蓝，别处您见不到了。就是老天利这家大字号，也撑不住快关张了，北京的景泰蓝热闹了几百年，到这会儿算是快绝根了。”老人还告诉他们，北京景泰蓝以老天利和中兴二厂规模最大，都是清康熙年间开办的老厂，现在已经办不下去了。至于德兴城、天瑞堂那几家小厂，就更加难以为继。回到家里，林徽因总是想着老人的话，不禁为这种传统工艺的命运担忧起来，她与梁思成教授考虑再三，成立了抢救景泰蓝的美术小组。

当时，美术小组有高庄、莫宗江，还有常莎娜、钱美华、孙君莲三位在清华大学深造的女学生。林徽因教授带着她们到珐琅作坊中调查、了解景泰蓝的生产现状，发动大家为景泰蓝设计新的纹样、图案。她常对学生说：“景泰蓝是国宝，不能在新中国失传。”后来，钱美华在林徽因教授的鼓舞下，毅然来到北京市珐琅厂，为景泰蓝艺术奉献了自己的青春年华和毕生心血，她成为我国从事景泰蓝专业设计的第一人。

延伸阅读

开拓进取　勇于创新

钟连盛，中国工艺美术大师，国家级非物质文化遗产景泰蓝制作技艺代表性传承人。钟连盛治艺严谨，技艺全面，作品清新细腻、精致秀美、典雅独特，主张在继承传统的基础上不断探索、创新，作品具有鲜明的现代感和时代气息，多次荣获国家级金奖。

钟连盛从小喜欢艺术，在珐琅厂创办的技校学习时，他肯于钻研，勇于创新。景泰蓝的制作流程复杂，从设计造型到制胎、掐丝、装点花纹、上釉色、烧制、磨光直到镀金需要多个工艺步骤、许多技师的合作。掐花瓣有个专门的名称叫“掰花克儿”。有的花瓣最前方是略微嵌进去的，或是凸出的，弧度非常小，小到只能用指甲尖使劲顶进去。为了学会这招，钟连盛常一手拿镊子，一手用指甲反复练，最后，大拇指都被挤出血了。

2000年一个夏末的傍晚，钟连盛路过龙潭湖荷塘。他偶然回头一望，两只野鸭在荷中亲密而行。夕阳西下，整个画面笼罩在金黄的色调中，给人一种温馨的感觉。这一瞬间的灵感，凝聚成了他的作品《荷梦》系列。为了表达好这一感受，他一改传统景泰蓝开光的单一形式，灵动的水波纹处理、大面积无丝地儿的突破、点蓝工艺气氛的渲染、不崩蓝的工艺实践，无不让人动容。他同掐丝和点蓝技师共同研讨，反复试验，使得工艺与主题紧密相连，为一个普通的传统题材赋予了崭新的时代气息，增强了作品的艺术感染力。该作品荣获第二届中国西部国际博览会金奖等多项大奖。北京市珐琅厂不断探索景泰蓝工艺新的应用领域，力求同室内外装饰环境相结合。钟连盛与工程技术人员和各工序技师严密配合攻关，相继完成了朝外C区《花开富贵》景泰蓝艺术喷水池、中华民族艺术珍品馆《生命的旋律》大型喷水池工程，以及北京APEC会议雁栖湖国际会都大型景泰蓝装饰工程等多项重大的室内外装饰工程，实现了景泰蓝艺术历史上的新超越，为企业赢得了巨大的经济和社会效益。

《荷梦》（钟连盛作品）

第三节　景德镇手工制瓷技艺

项目名称：景德镇手工制瓷技艺[①]

2006年5月入选第一批国家级非物质文化遗产名录

① 江西省景德镇市非物质文化遗产研究保护中心.

类别： 传统技艺

申报地区或单位： 江西省景德镇市

编号： Ⅷ－7

景德镇手工
制瓷技艺概述

一、景德镇手工制瓷技艺概述

据考证，景德镇自五代开始生产瓷器，宋、元两代发展迅速，至明、清时在珠山设御厂，成为全国的制瓷中心。景德镇手工制瓷技艺中重要的成型工序在宋代已初步建立。后来，瓷业内部分工日益细化，普遍采用拉坯、印坯、利坯、修足、蘸釉、荡釉等技艺制作瓷坯，再采用匣钵仰烧、垫钵覆烧、支圈覆烧等技法进行装烧。到元代，又发明了瓷石加高岭土的“二元配方法”及青花釉下彩绘技术。明、清两代，景德镇制瓷业进一步发展，“共计一坯之力，过手七十二，方克成器。其中微细节目，尚不能尽也”，手工制瓷技艺体系基本完善，采矿、淘洗、制坯、练泥、陈腐、拉坯、利坯、画坯、施釉、烧窑、画红、烧炉、选瓷、包装等工序环环紧扣，练泥的只管练泥，拉坯的只管拉坯，彩绘者也是画者画而不染、染者染而不画，如此明细的分工提高了制瓷效率，制瓷专业化程度日益提高，各方面都有身怀绝技的能工巧匠，景德镇手工制瓷业至此达到了历史的最高峰。

景德镇瓷业习俗是景德镇手工制瓷技艺的重要组成部分。景德镇在宋代出现“村村窑火，户户陶埏”的景象，瓷业习俗已具雏形。明、清时，珠山御厂的设立和海外市场的进一步扩大刺激了景德镇手工制瓷业的蓬勃发展，出现了众多的手工业工场，吸纳了大量从业人员，“窑户与铺户当十之七八，土著十之二三”。景德镇由此成为“五方杂处”、有“十八省码头”之称的陶瓷大都会，为瓷业习俗的最终形成奠定了坚实的基础。

青花缠枝牡丹纹梅瓶（元）

乾隆青花回纹双耳盖豆（清）

民国时期，景德镇瓷业习俗的突出表现是客籍瓷商队伍的不断壮大及瓷行、瓷庄和瓷号的大量涌现。各商帮都有自己的瓷行、瓷庄或瓷号，它们加强了景德镇与外地的联系，随之传入的各地风俗习惯给景德镇瓷业习俗增添了新的内涵。

新中国成立以来，随着政治、经济的变革和瓷业机械化生产的不断发展，一些传统景德镇手工制瓷技艺环节及相关器具和设备被淘汰，在国家的大力扶持下，景德镇手工制瓷业重新焕发光彩，蓬勃发展。

景德镇手工制瓷技艺的工艺过程

二、景德镇手工制瓷技艺的工艺过程

（一）揉泥

对瓷泥进行反复搓揉，排除泥中空气，使其干湿均匀，便于拉坯成型。操作时用钢丝锯下一片踩好的瓷泥，搬到泥凳上，双腋夹紧，用力向前连续翻动，翻三个筋斗，再从中间往两头挤，挤成“猪婆头、兔子嘴”，形成条状，然后从两头往中间挤，搓成腰鼓形的泥鼓，供拉坯师傅使用。

制瓷所用的各种矿物质和瓷泥

揉泥

（二）做坯

做坯也叫拉坯，可分为：印坯、手工拉坯、机压坯、灌浆坯等。自五代到宋代的碗、盘、瓶、缸、执壶等均为一次性整体或分节拉坯成型。圆器做坯，转动车盘，置泥鼓于转盘中心，艺人必须在车盘惯性停止前熟练准确地拉坯成型，既要快又要好（坯薄），全凭手上功夫高超。

1. 印坯

碗、盘、杯、碟等圆器产品，拉成毛坯后，必须用模具定型规范。初坯稍干时，把坯倒扣于土制的模具上定位，先用木板拍打捏好的坯把柄（坯笃），再一边转动模具，一边用双手在坯体外侧均匀拍击，使坯体与模具整个吻合。细瓷印坯分印头道（初印）和套坯（复印）两道工序。

印坯

2. 拉坯

琢器拉坯分为扯长坯和饼子坯。扯长坯用于小件壶、瓶、坯、罐，饼子坯用于大型瓶、缸。有时需要助手配合主师，或加压，或扶外壁共同完成。拉坯环节要求艺人十分熟悉泥性，而且有相当强的控型能力。

拉坯

（三）修坯

修坯指由修坯艺人按既定的器型、尺寸、重量对较厚的雏形毛坯进行内外修整，技术含量很高。修坯要求艺人准确把握坯体的泥性及厚薄，常通过手摸、眼看、敲音等方式来判断。

1. 利坯

利坯是对印好的坯体进行加工，使其规整圆润。圆器产品只修外形，细瓷利坯有打粗和修坯两道工序。

2. 剐坯

剐坯又称挖底、挖足、削足。圆器拉坯时足部留有泥把柄（坯笃），便于后面的工序操作。坯体内外施釉完成后，坯笃已不再需要，需用坯刀将其切薄，然后在上面挖出凹形器底，达到“灯草坝、甑皮底”的要求。

剐坯

（四）画坯

画坯

1. 印花

印花始于宋代，指把花纹压印在坯胎上的装饰方法，有戳印和模印两种。戳印是把带有花纹的印子直接戳在坯体内或外；模印是把坯体套装在刻有花纹的模具上，用手拍打，在拍摸成型的同时印出花纹图案。印花后的坯胎经修整后，再施釉入窑高温烧成。烧出来的图案凸起，富有立体感。

2. 刻花

宋瓷装饰崇尚刻花。刻花亦称刻划花，分为三种：一是用铁质刀具在坯体上刻出一边深一边浅的线条组成图案，罩上影青釉烧成后，深处呈色青绿，浅处呈色清白；二是用铁锥状利器在坯胎上划出卷草、枝叶等线条，或坯体在轱辘车上旋转时，划出圆的弦纹；三是用梳篦式刀器在坯体上划出叶脉、波浪、云气等排线条。三种方法可单独使用，也可数种并用。

刻花

（五）施釉

施釉，俗称剥合坯，指给坯体表面布施一层釉汁，使其烧成后光滑、润洁。施釉方法有三种：一是蘸釉，用小棍托底，一手按扶坯内，往釉浆里快速一浸，立刻提起，使外部全部粘上釉汁；二是荡釉，用竹制釉筒把釉浆舀入坯内，摇荡坯体，使釉浆在内壁均匀覆盖，倒出余浆；三是促釉，坯体削足后，给底部施釉。

施釉

（六）烧窑

烧窑是成瓷的最后一道关键工序。它是将装有成坯的匣钵按窑位放在窑床上，用松柴或槎柴烧至 1 270 ～ 1 300 度，采取先氧化焰、后还原焰的方法进行烧制，整个过程分溜火、紧火、净火三个阶段。

瓷器之成，窑火是关键。“镇窑”是景德镇窑的简称，外形像半个鸭蛋覆于地面。因其以松柴为燃料，故又称“柴窑”。松柴火焰清净不含硫，对瓷器呈色有利，特别是对含铁量较高的二元配方坯料和灰釉最为有利。镇窑满窑时要对全窑火路纵横走向，以及各部位温度进行精确预判；对每一窑规格不尽相同的烧制品，要根据工艺要求确定最适合的窑位。烧制一次的时间，视当时的季节气候、窑柴质量以及其他因素而定，约需 2 天（40 多个小时）。

柴窑模型

传承故事

粉彩瓷、墨彩瓷技艺创新

李文跃，中国工艺美术大师，国家非物质文化遗产景德镇手工制瓷技艺代表性传承人。

1987 年，景德镇艺术瓷厂考虑到李文跃有扎实的瓷画像功底，又是粉彩瓷世家出身，决定让他拜墨彩老艺人雷火莲为师，专心从事“墨彩描金陶瓷艺术”特种工艺的创作和研究，以传承墨彩描金技艺。

墨彩肇始于清代康熙中期，盛行于雍、乾两朝，重起于民国初期，是瓷绘形式与珐琅彩工艺相结合派生出来的一种釉上彩瓷装饰，其以黑料为主、红料为辅、金料点缀，极富中华民族艺术神韵。由于它的工艺与技术要求高，工艺复杂，绘画时间长，加上新彩、粉彩瓷盛行，因此从业人员很少，一度几乎失传。

《西域风情》粉彩瓶（李文跃作品）

雷火莲的墨彩技艺超群，作品风格独特。他曾带过两位徒弟，但都没有坚持从事墨彩画。一开始，他不愿收李文跃为徒，后来，看见李文跃的《罗汉图》等绘画作品后，才答应收李文跃为关门弟子。雷火莲口传手授，教李文跃如何用笔用色，毫无保留地将自己多年积累的经验和秘诀传授给弟子。李文跃虚心学习，笔记都写了十几万字。经过几年的努力，李文跃终于掌握了墨彩的技艺。

李文跃深知，任何艺术形式，学习先辈前人的传统经验都非常重要，继承的是方法、是根，在此基础上还要发展，有创新，与时俱进，即“笔墨当随时代”。李文跃自如掌握了墨彩的技艺之后，结合自己掌握的粉彩技艺，独辟蹊径，将陶瓷粉彩的粉润柔和之秀美与墨彩瓷绘的清丽典雅之意韵融为一体，在传统粉彩瓷的基础上创作出独具魅力的“粉墨彩瓷”艺术。作为粉彩传承人，李文跃不仅延续了传统的制瓷技艺，而且与时俱进，使传统粉彩艺术展现出新的风采，他大胆地将粉彩、墨彩和高温釉彩的工艺有机地结合在一起，创作了风格独特的三大系列艺术作品。

李文跃用广阔的文化场景来实现他的思考，展现他的技艺，在特大件的陶瓷器物上创作了一批原创性、具有丰富历史文化底蕴的作品。代表作有粉墨彩《清代颐和园》大龙缸，缸口直径49厘米，高48厘米；《曲阜三孔》大龙缸，缸口直径98厘米，高96厘米；《景德镇清代御窑厂盛景图》巨型笔筒，直径1.35米，周长3.78米，高1.1米。这些作品在传统粉彩的基础上将釉下坯体雕刻与瓷上粉彩、墨彩等多种技术与工艺融为一体，有恢宏的场面和深厚的人文、历史文化内涵，承古创新。

相关链接

1. 传统技艺入选国家级非物质文化遗产名录的标准

第一，具有长期的民间传承历史；

第二，有鲜明的民族、地域特色或者显著的传统审美意趣；

第三，以天然原材料为主，用传统的手工艺和技术体现精湛的技艺，有完整的工艺流程；

第四，具有丰富的历史、科技、人文内涵和独特的价值。

2. 入选第一批国家级非物质文化遗产名录的传统技艺（见表 9－1）

表 9－1　入选第一批国家级非物质文化遗产名录的传统技艺（89 项）

序号	编号	项目名称	申报地区或单位
1	Ⅷ－1	宜兴紫砂陶制作技艺	江苏省宜兴市
2	Ⅷ－2	界首彩陶烧制技艺	安徽省界首市
3	Ⅷ－3	石湾陶塑技艺	广东省佛山市
4	Ⅷ－4	黎族原始制陶技艺	海南省昌江黎族自治县
5	Ⅷ－5	傣族慢轮制陶技艺	云南省西双版纳傣族自治州
6	Ⅷ－6	维吾尔族模制法土陶烧制技艺	新疆维吾尔自治区英吉沙县、喀什市、吐鲁番地区
7	Ⅷ－7	景德镇手工制瓷技艺	江西省景德镇市
8	Ⅷ－8	耀州窑陶瓷烧制技艺	陕西省铜川市
9	Ⅷ－9	龙泉青瓷烧制技艺	浙江省龙泉市
10	Ⅷ－10	磁州窑烧制技艺	河北省峰峰矿区
11	Ⅷ－11	德化瓷烧制技艺	福建省德化县
12	Ⅷ－12	澄城尧头陶瓷烧制技艺	陕西省澄城县
13	Ⅷ－13	南京云锦木机妆花手工织造技艺	江苏省南京市
14	Ⅷ－14	宋锦织造技艺	江苏省苏州市
15	Ⅷ－15	苏州缂丝织造技艺	江苏省苏州市
16	Ⅷ－16	蜀锦织造技艺	四川省成都市
17	Ⅷ－17	乌泥泾手工棉纺织技艺	上海市徐汇区
18	Ⅷ－18	土家族织锦技艺	湖南省湘西土家族苗族自治州
19	Ⅷ－19	黎族传统纺染织绣技艺	海南省五指山市、白沙黎族自治县、保亭黎族苗族自治县、乐东黎族自治县、东方市
20	Ⅷ－20	壮族织锦技艺	广西壮族自治区靖西县
21	Ⅷ－21	藏族邦典、卡垫织造技艺	西藏自治区山南地区、日喀则地区
22	Ⅷ－22	加牙藏族织毯技艺	青海省湟中县

续表

序号	编号	项目名称	申报地区或单位
23	Ⅷ－23	维吾尔族花毡、印花布织染技艺	新疆维吾尔自治区吐鲁番地区
24	Ⅷ－24	南通蓝印花布印染技艺	江苏省南通市
25	Ⅷ－25	苗族蜡染技艺	贵州省丹寨县
26	Ⅷ－26	白族扎染技艺	云南省大理市
27	Ⅷ－27	香山帮传统建筑营造技艺	江苏省苏州市
28	Ⅷ－28	客家土楼营造技艺	福建省龙岩市
29	Ⅷ－29	景德镇传统瓷窑作坊营造技艺	江西省
30	Ⅷ－30	侗族木构建筑营造技艺	广西壮族自治区柳州市、三江侗族自治县
31	Ⅷ－31	苗寨吊脚楼营造技艺	贵州省雷山县
32	Ⅷ－32	苏州御窑金砖制作技艺	江苏省苏州市
33	Ⅷ－33	苗族芦笙制作技艺	贵州省雷山县 云南省大关县
34	Ⅷ－34	玉屏箫笛制作技艺	贵州省玉屏侗族自治县
35	Ⅷ－35	阳城生铁冶铸技艺	山西省阳城县
36	Ⅷ－36	南京金箔锻制技艺	江苏省南京市
37	Ⅷ－37	龙泉宝剑锻制技艺	浙江省龙泉市
38	Ⅷ－38	张小泉剪刀锻制技艺	浙江省杭州市
39	Ⅷ－39	芜湖铁画锻制技艺	安徽省芜湖市
40	Ⅷ－40	苗族银饰锻制技艺	贵州省雷山县 湖南省凤凰县
41	Ⅷ－41	阿昌族户撒刀锻制技艺	云南省陇川县
42	Ⅷ－42	保安族腰刀锻制技艺	甘肃省积石山保安族东乡族撒拉族自治县
43	Ⅷ－43	景泰蓝制作技艺	北京市崇文区
44	Ⅷ－44	聚元号弓箭制作技艺	北京市朝阳区
45	Ⅷ－45	明式家具制作技艺	江苏省苏州市
46	Ⅷ－46	蒙古族勒勒车制作技艺	内蒙古自治区东乌珠穆沁旗
47	Ⅷ－47	拉萨甲米水磨坊制作技艺	西藏自治区
48	Ⅷ－48	兰州黄河大水车制作技艺	甘肃省兰州市
49	Ⅷ－49	万安罗盘制作技艺	安徽省休宁县
50	Ⅷ－50	雕漆技艺	北京市崇文区
51	Ⅷ－51	平遥推光漆器髹饰技艺	山西省平遥县
52	Ⅷ－52	扬州漆器髹饰技艺	江苏省扬州市

续表

序号	编号	项目名称	申报地区或单位
53	Ⅷ－53	天台山干漆夹苎技艺	浙江省天台县
54	Ⅷ－54	福州脱胎漆器髹饰技艺	福建省福州市
55	Ⅷ－55	厦门漆线雕技艺	福建省厦门市
56	Ⅷ－56	成都漆艺	四川省成都市
57	Ⅷ－57	茅台酒酿制技艺	贵州省
58	Ⅷ－58	泸州老窖酒酿制技艺	四川省泸州市
59	Ⅷ－59	杏花村汾酒酿制技艺	山西省汾阳市
60	Ⅷ－60	绍兴黄酒酿制技艺	浙江省绍兴市
61	Ⅷ－61	清徐老陈醋酿制技艺	山西省清徐县
62	Ⅷ－62	镇江恒顺香醋酿制技艺	江苏省镇江市
63	Ⅷ－63	武夷岩茶（大红袍）制作技艺	福建省武夷山市
64	Ⅷ－64	自贡井盐深钻汲制技艺	四川省自贡市、大英县
65	Ⅷ－65	宣纸制作技艺	安徽省泾县
66	Ⅷ－66	铅山连四纸制作技艺	江西省铅山县
67	Ⅷ－67	皮纸制作技艺	贵州省贵阳市、贞丰县、丹寨县
68	Ⅷ－68	傣族、纳西族手工造纸技艺	云南省临沧市、香格里拉县
69	Ⅷ－69	藏族造纸技艺	西藏自治区
70	Ⅷ－70	维吾尔族桑皮纸制作技艺	新疆维吾尔自治区吐鲁番地区
71	Ⅷ－71	竹纸制作技艺	四川省夹江县 浙江省富阳市
72	Ⅷ－72	湖笔制作技艺	浙江省湖州市
73	Ⅷ－73	徽墨制作技艺	安徽省绩溪县、歙县、黄山市屯溪区
74	Ⅷ－74	歙砚制作技艺	安徽省歙县 江西省婺源县
75	Ⅷ－75	端砚制作技艺	广东省肇庆市
76	Ⅷ－76	金星砚制作技艺	江西省星子县
77	Ⅷ－77	木版水印技艺	北京市荣宝斋
78	Ⅷ－78	雕版印刷技艺	江苏省扬州市
79	Ⅷ－79	金陵刻经印刷技艺	江苏省南京市
80	Ⅷ－80	德格印经院藏族雕版印刷技艺	四川省德格县
81	Ⅷ－81	制扇技艺	江苏省苏州市
82	Ⅷ－82	剧装戏具制作技艺	江苏省苏州市
83	Ⅷ－83	桦树皮制作技艺	内蒙古自治区鄂伦春自治旗 黑龙江省
84	Ⅷ－84	黎族树皮布制作技艺	海南省保亭黎族苗族自治县

续表

序号	编号	项目名称	申报地区或单位
85	Ⅷ－85	赫哲族鱼皮制作技艺	黑龙江省
86	Ⅷ－86	浏阳花炮制作技艺	湖南省浏阳市
87	Ⅷ－87	黎族钻木取火技艺	海南省保亭黎族苗族自治县
88	Ⅷ－88	风筝制作技艺（潍坊风筝、南通板鹞风筝、拉萨风筝）	山东省潍坊市 江苏省南通市 西藏自治区拉萨市
89	Ⅷ－89	凉茶	广东省文化厅 香港特别行政区民政事务局 澳门特别行政区文化局

思考与练习

1. 试用“泥条盘筑法”制作日用器皿，并谈谈你对传统技艺传承与创新的认识和理解。

泥条盘筑法三步骤

2. 临摹1～2幅明清时代景泰蓝的经典纹样与造型，尺寸不小于A4纸大小，黑白、彩色均可。下图纹样与造型可供参考。

掐丝珐琅狮系纹高足碗

百果丰硕纹

掐丝珐琅勾莲纹瑞兽

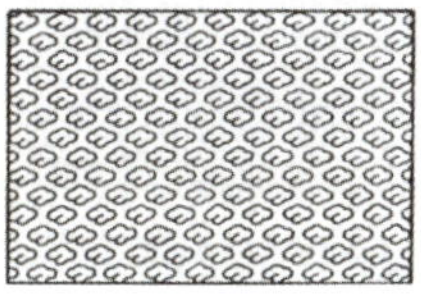

祥云纹

第十章　传统医药

学习目标

知识目标

1. 掌握中医药的文化特征和文化价值。
2. 了解同仁堂中医药文化和针灸中蕴含的哲学理念。

技能目标

1. 能辨识传统医药。
2. 科学认知传统医药，能正确理解其实践价值。

素质目标

充分认识中华民族数千年与疾病斗争的民族智慧和对全人类健康做出的贡献，增强文化自信，提升爱国情怀。

传统医药（也指广义的中医药）是我国各民族医药的统称，是优秀传统文化的重要载体，是中华民族在数千年与疾病斗争的过程中积累的宝贵财富，在维护人民健康、促进文明互鉴等方面发挥着重要作用。本章以入选第一批国家级非物质文化遗产名录的“同仁堂中医药文化”和“针灸”为例介绍传统医药的特征和价值。

第一节 传统医药概述

传统医药主要指中医中药以及一些少数民族的传统医学药学，如藏族的藏医藏药、蒙古族的蒙医蒙药、苗族的苗医苗药、瑶族的瑶医瑶药等，它们反映了中华民族对生命、健康和疾病的认识，是具有悠久历史传统和独特理论及技术方法的医药学体系。各民族传统的医学药学都具有很高的科学和实践价值。概括来讲，传统医药具有以下特征：传统医药认为健康以人体的平衡为基础，疾病的发生是身体或精神失去平衡所致，因此传统医药致力于用不同的治疗手段重新建立人体的平衡；传统医药重视个体，因人而异施以不同治疗方法；传统医药应用整体治疗方法，它考虑一个人在生态中的全部关系，通常不仅仅治疗身体的局部病位；传统医药的发展早于现代医药，传统疗法已实践了数千年。

中医中药是我国最重要的非物质文化遗产之一，在长期的发展中，形成了自己独特的医学体系，包括阴阳五行、经络、病因病理等学说，其基本特点为治疗的整体观念和辨证施治原则。中药学作为中医学的重要组成部分，对中药的采集、炮制，对药性、药量、配方、服用等的分析，都建立在对植物学的深入认识上，具有很高的科学价值。藏医藏药、蒙医蒙药等少数民族医学药学体系，也都具有诊疗疾病、养生保健的独特方法和特殊功效。

入选第一批国家级非物质文化遗产名录的传统医药项目有 9 项，包括入选联合国教科文组织人类非物质文化遗产代表作名录的针灸、藏医药，以及中医生命与疾病认知方法、中医诊法、中药炮制技术、中医传统制剂方法、中医正骨疗法、同仁堂中医药文化、胡庆余堂中药文化。第二批国家级非物质文化遗产名录中的传统医药项目包括中医养生、传统中医药文化、蒙医药等 8 项，它们都是中国传统医药中的杰出代表。到目前为止，入选了五批国家级非物质文化遗产名录的传统医药类项目共23项。

一、传统医药的文化特征

传统医药概述

传统医药是中华民族数千年医疗实践的积累和升华，它在形成初期吸收了古代先贤的思想智慧和文化精华，其发展、创新、传播也都带有明显的中国文化烙印，并与中华传统文化息息相通、血脉相连。

中医药理论在发展过程中，通过不断借鉴、吸收、融合中国古代丰富的哲学思想、人文科学、佛学、道学、儒学以及其他学说的精华，形成了具有鲜明传统文化特征的中医理论体系，历经千年传承而不衰。中医药理论是在古代哲学思想指导下，以整体观念、辨证施治为指导思想，以阴阳五行为说理工具，指导医学实践，推动医学学术发展。古代哲学思想被借鉴、融合在中医理论中，成为中医理论的重要组成部分，它的思想智慧和文化精髓，在科学技术高度发展的今天，仍然具有旺盛的生命力。

中医药学天人合一的整体思维方式，身心协调的动态平衡观，“上工治未病”的健康理念，因时、因地、因人的个体化辨证治疗理论，以及正气为本，用“精气神”高度概括人体生命现象的生命理念等，不仅符合世界卫生组织以人类健康为中心的医疗卫生工作重点要求，而且适应现代的生理—心理—社会综合医学模式。

（一）天、地、人三才一体的整体观

中医药学认为天文、地理、人事是一个有机整体；天人合一，形神一体；人既有自然属性，又有社会属性。中医药学从人与自然、社会的关系出发去认识生命、健康和疾病等问题，从而形成了人（生理、心理）—自然—社会的整体医学模式。它强调上知天文，下知地理，中察人事，方可为医。这是中国传统文化中大一统整体观的体现。

（二）阴平阳秘、动静互涵的恒动观

天地万物本源于一气，人之生死由乎气。运动是气的根本属性。阴阳的对立统一是气运动的根本原因。中医药学非常重视用运动变化的观点来认识生命过程，指导防病治病。这是中国传统文化动静平衡观的体现。

（三）未病先防、既病防变的防治观

中医药学主张“不治已病，治未病”，强调未病先防、既病防变，与其治疗于

有病之后，不如摄养于未病之先。这种预防为主的医学思想，是传统文化中防微杜渐忧患意识的具体体现。

（四）人命至重、以人为本的医德观

传统文化的人文精神在于以人为本，强调人的主体地位。基于这种人文精神，中医药学认为，“天覆地载，万物悉备，莫贵于人”，把人的生命价值视为医学的出发点和归宿。把不为名利、潜心医术、志存救济、仁爱至尊、认真负责作为医德的标准，是中国传统文化中人伦和谐价值观的体现。

二、传统医药的文化价值

在数千年的医药活动中，中医药形成了道法自然的生命观、形神兼顾的健康观、整体平衡的思维观、辨证施治的诊疗观和大医精诚的道德观等核心价值观念，构建了以“以人为本”“整体观念”“辨证施治”为代表的中医药文化框架体系。这种价值体系体现了中医药文化最具特色的内涵。正是由于这种源于中国传统文化的价值观，中医药才具有强大的生命力，为中华民族的繁衍昌盛做出了巨大贡献。数千年来，中医药学薪火相传，历久不息，并不断发展创新，逐渐向海外传播。

中医药学的健康观和成功的医疗实践，为人类提供了新的医学模式，成为世界新医学和科技发展的重要组成部分。近三十年来，中医药学不仅在中国得到健康发展，而且加速向世界传播，中国针灸技术已经传播到 200 多个国家，中医中药出口近 200 个国家。中医药学顺应了世界医学发展的趋势，满足了世界人民医疗保健的需求。

中医药理论博大精深，内容丰富深奥，文字古朴简约，技术变化玄妙。中医药学的医疗模式，是一种以人为本，预防、保健、治疗、康复相结合的综合医学模式，是目前保存最完整、影响力最大、使用人数最多的传统医学体系，也是我国最有希望取得原始创新突破、对世界医药科技和医学发展产生重大影响的学科。中医药文化蕴含着丰富的哲学思想和人文精神，是我国文化软实力的重要体现，对增强中华文化传播力、影响力，促进和谐社会发展，保障人民健康有着重要的现实意义。

延伸阅读

李时珍，字东璧，号濒湖，湖北蕲州（今湖北蕲春）人，明代著名的药学家、医学家。他出身于医学世家，从小喜爱学习医药知识，精读经史之书而无名利之心。其治学思想进步，敢于发现前人未到之处。1552—1578 年，李时珍历经近 30 年的时间，编成巨著《本草纲目》。全书 52 卷，收录药品 1 800 多种，附图 1 000

多幅，被达尔文称为“1596年出版的中国百科全书”。

李时珍医术高超，不畏权贵。在行医过程中，李时珍发现古代的本草著作里有大量的错误，有的是将几种药物混为一种，不予区分，比如人参、党参，这两种疗效完全不一样的药物被混为一种；有的是将一种药物误分为几种药物，比如枸杞子，因产地和外形各异，被当成不同的几种药物；有的对药物的疗效描述不准确；有的图文背离。如果不对这些本草书目进行修正的话，不仅会使病人得不到正确的治疗，严重者还会付出生命的代价。1552年，35岁的李时珍决定不再以开业行医为主，而是集中主要精力重修本草药典。

为了编纂《本草纲目》，李时珍到各地进行考察，他进深山入老林，请教游医和农民，不仅对每一种草药都进行了认真的核实，而且收集了许多珍贵的民间偏方。李时珍一边考察，一边行医，一路走来，用了十几年的时间进行野外考察，又用了十几年的时间三易其稿，终于完成了浩瀚的医药学专著《本草纲目》。《本草纲目》汇集了1 800多种药物，11 000多个方子。在《本草纲目》中，李时珍发明了“十六部六十类分类法”，把药物分为水部两类、火部一类、土部一类、金石部四类、草部十类、谷部四类，诸如此类，把这1 800多种药物分门别类排进去，再附加11 000多个方子，这种科学的分类方法让后来的科学界大为赞叹。那么，《本草纲目》到底有哪些重大贡献呢？

《李时珍采药图》（蒋兆和）

首先，《本草纲目》对中药学有杰出的贡献。中药学也叫本草学，李时珍发现了374种新药，数量庞大。这些药都是李时珍从民间搜集来的，其中很多药物已成为我们的常用药，比如土茯苓、丝瓜、三七、藏红花、樟脑、白蜡。《本草纲目》不但对植物有着精深的研究，对动物和矿物也有独到的考察和分析。其次，李时珍结合药物研究药方，每一味药物之后都有附方。李时珍曾向各行各业的人收集方子，《本草纲目》中共收了11 000多个药方，这是我国人民几千年来和各种疾病做斗争的宝贵经验。最后，李时珍在中医理论方面也有重大的突破，李时珍第一次提出“脑为元神之府”，揭示了脑是精神活动的总枢纽。

李时珍遍尝百草，以身试毒，以严谨的科学态度博采众长，去伪存真，去粗取精，耗费毕生心血，完成了传世经典《本草纲目》。除了医学、药学、博物学等方面外，他坚忍不拔、勇于探索的创造精神，实事求是、一丝不苟的科学态度，救死扶伤、与人为善的高尚医德，都为人们树立了典范，对后世产生了深远影响。

第二节　同仁堂中医药文化

项目名称：同仁堂中医药文化[①]

2006年5月入选第一批国家级非物质文化遗产名录

类别：传统医药

申报地区或单位：中国北京同仁堂（集团）有限责任公司

编号：Ⅸ－7

一、同仁堂中医药文化概述

北京同仁堂是中国传统医药行业闻名遐迩的老字号，始建于1669年，至今已有300多年历史。同仁堂从1723年开始“承办官药”直至1911年，在长达188年的时间里，同仁堂遵照皇家药材挑选标准，恪守皇宫秘方和制药方法，形成了一套严格的质量监督制度。同仁堂与清宫太医院、御药房之间有机融合和相互影响，形成了同仁堂中医药的特殊风格和传统知识。

同仁堂中医药在300多年的历史长河中，将传统的中医药文化和优秀的中华文化有机结合，形成了特点鲜明的企业文化，如“同修仁德，济世养生”的企业精神，“修合无人见，存心有天知”的自律意识，“以义为上，义利共生”的经营哲学，“童叟无欺，一视同仁”的职业道德和“讲信义，重人和”的经营理念。

同仁堂一直秉承“炮制虽繁必不敢省人工，品味虽贵必不敢减物力”的古训，其经营的中草药和丸、散、膏、丹等各种中成药，选料真实、炮制讲究、药味齐全，其产品特点可概括为“配方独特、选料上乘、工艺精湛、疗效显著”。

① 周和平. 第一批国家级非物质文化遗产名录图典：下. 北京：文化艺术出版社，2007.

同仁堂药店

历经数代，载誉 300 多年的北京同仁堂，如今已发展成为跨国经营的大型国有企业——北京同仁堂（集团）有限责任公司。2006 年，同仁堂中医药文化入选第一批国家级非物质文化遗产名录。

二、同仁堂中医药文化的特征

作为中医药行业的老字号，同仁堂能历久不衰，根本上得益于其独特的制药方法和中药炮制技艺。

1706 年，乐凤鸣在宫廷秘方、民间验方、祖传配方基础上总结前人制药经验，完成了《同仁堂乐氏世代祖传丸散膏丹下料配方》和《同仁堂虔修诸门应症丸散膏丹总目》，将同仁堂配方与清宫医药完美融合，形成其特有的品牌标记。“配方独特、选料上乘、工艺精湛、疗效显著”，是对同仁堂制药特色的精要概括，其产品享誉海内外，行销 40 多个国家和地区。

（一）配方独特

同仁堂的处方大多来源于乐家祖传配方、民间验方、古方及宫廷秘方，经过不断收集、整理、优化，形成了同仁堂特色的配方，《同仁堂传统配本》是其代表作。目前，同仁堂生产的产品都已纳入国家标准体系。

（二）选料上乘

同仁堂遵循古训，坚持“不怕价高，只要货好”的原则。购买药材时，要货量大，给价高，只选取质量最佳的。如买大黄要最瓷实的，不要发泡的；买天花粉要条粗有粉的，不要条细筋多的。同仁堂坚持选用“采其地、用其时”和“上等、纯洁、地道”的药材，确保了选料、投料一流。

（三）工艺精湛

同仁堂继承了传统中药炮制技术，在中药丸剂、散剂、药酒和膏药等传统剂型的生产方面具有明显的技术优势，其主要特点是“净料投料”和“依法炮制”。中药材要达到“净料”要求，需去除杂质和非药用部位，如去芯、去皮、去毛、去芦、去核、去梗等，采用洗、筛、簸、挑等10余种方法，有20多道生产工序，含水制、火制、水火制、制曲等52种加工方法。同仁堂在不同质地中药材粉碎的细度、研配的均匀度、合坨的温度和时间以及手工制丸技术、裹金技术、吊蜡皮技术等方面均独具特色。

遵照古训，同仁堂依法炮制修合，20多道生产工序和50多种加工方法沿用至今，并与现代制药技术相结合，确保了同仁堂制药工艺精深精良。

（四）疗效显著

同仁堂历来注重药品疗效，不仅悉心钻研处方配伍、精选用料、精益制造，更是把药品疗效作为同仁堂质量观的核心要求，用有疗效的药品实现“济世养生”。

延伸阅读

据载，同仁堂创始人乐氏祖籍在浙江宁波慈城镇。明永乐年间，乐氏举家迁往北京，其曾孙乐显扬精研医药之术，造诣颇深，成为清太医院的吏目，即高级医官。

乐显扬收集大量的宫廷秘方、古方、民间验方，加上自己家中的家传秘方，在康熙八年（1669年）创办同仁堂药室。他认为，“‘同仁’二字可以命堂名，吾喜其公而雅，需志之”。乐显扬把办药室当成是济世养生的大事，强调保证药品质量，替百姓除病解忧。

乐显扬之三子乐凤鸣继承父业，把同仁堂移出家门，在北京前门外大栅栏路南开设了同仁堂乐家老药铺。康熙四十五年（1706年），乐凤鸣将配方汇集成书，名为《同仁堂乐氏世代祖传丸散膏丹下料配方》，分门别类地记载了宫廷秘方、古方、家传秘方、历代验方共362个。在该书序言中，乐凤鸣明确提出：“遵肘后，辨地产，炮制虽繁必不敢省人工，品味虽贵必不敢减物力。”这几句话成为历代同仁堂人在制药过程中必须遵循的传统古训。

第三节　针　灸

项目名称： 针灸①

2006 年 5 月入选第一批国家级非物质文化遗产名录

2010 年入选联合国教科文组织人类非物质文化遗产代表作名录

类别： 传统医药

申报地区或单位： 中国中医科学院、中国针灸协会

编号： Ⅸ－5

一、针灸概述

针灸由“针”和“灸”构成，是中医针法和灸法的总称。针法是用特制的金属针，按一定穴位，刺入患者体内，运用一定的操作手法以达到治病的目的。灸法是用燃烧着的艾绒温灼穴位的皮肤表面，利用热刺激达到温通经脉、调和气血的目的。

针灸

针灸是我国古代劳动人民创造的一种独特的“内病外治”医疗方法，有着悠久的历史。几千年来，人们利用金属针具或艾炷、艾草，在人体特定的部位进针施灸，通过经络、腧穴的传导作用，应用一定的操作手法来治疗疾病，解除病痛，并由此创立了独具特色的人体经络腧穴理论，成为中国医学中的一枝奇葩，在世界上享有盛誉。

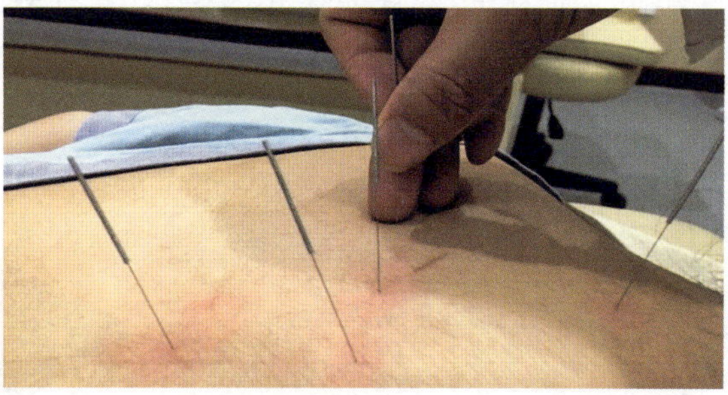

中医针法

① 周和平. 第一批国家级非物质文化遗产名录图典：下. 北京：文化艺术出版社，2007.

中医灸法

针灸是中医学的重要组成部分，其内容包括针灸理论、腧穴知识、针灸技术以及相关器具，具有鲜明的中华民族文化与地域特征，是基于中华民族文化和科学传统形成的宝贵遗产。

早在新石器时代，人们就用“砭石”砭刺人体的一定部位治疗疾病。古籍中说“有石如玉，可以为针”。灸疗的产生是在火的发现和应用后形成的，《黄帝内经》中说“脏寒生满病，其治宜灸焫”，便是指灸术，并大量记述了针灸的理论与技术。春秋战国时期，针灸疗法已经相当成熟，出现了不少精通针灸的医生，扁鹊就是其中的代表人物之一。扁鹊被誉为“中华医祖”，他起死回生的神奇针术以及救死扶伤的动人事迹为后人世代传颂，至今在河北内丘等地还保留有纪念扁鹊的鹊王庙、鹊王祠以及各种民间传统祭祀活动。在湖南长沙马王堆汉墓出土的《足臂十一脉灸经》和《阴阳十一脉灸经》、湖北江陵张家山汉墓出土的《脉书》中均记载有经脉的循行与主病。从四川绵阳双包山西汉墓出土的一具黑漆小型木质人形，其体表正背面标有纵横方向的经脉路径，是我国迄今发现的最早的人体经脉模型实物。到了隋唐时期，针灸学发展成为专门学科，针灸著作倍增，内容丰富，针灸被正式列入国家的医学教育课程，在太医署专设有针博士、针助教、针师、针工和针生等职衔。北宋时期，医官王惟一考订腧穴主治，统一腧穴定位，撰著《铜人腧穴针灸图经》一书颁行全国，并铸造了

铜人模型

造型逼真、构造精巧的教学工具——铜人模型，对针灸学术发展起到了极大的推动和促进作用。明代著名针灸学家杨继洲撰写了针灸学名著《针灸大成》，共10卷。著作总结了明代以前我国针灸的主要学术经验，收载了众多针灸歌赋，重新考定了穴位的名称和位置，并附以全身图和局部图，阐述了历代针灸的操作手法，记述了历代名家针灸医案，是针灸针法的集大成者。《针灸大成》是我国针灸学的又一次重要总结，也是明代以来三百年间流传最广的针灸著作，对推动我国针灸的学术发展做出了巨大的贡献。明清以降，针灸理论继往开来，技术和器具不断改进，流派纷呈，名家辈出，佳作不断，针灸疗法获得了更大的发展。

针灸在长期的医疗实践中，形成了由十四经脉、奇经八脉、十五别络、十二经别、十二经筋、十二皮部以及孙络、浮络等组成的经络理论，以及361个腧穴及经外奇穴等腧穴与腧穴主病的知识，发现了人体特定部位之间特定联系的规律，创造了经络学说，并由此产生了一套治疗疾病的方法体系。

针灸是在中国特定的自然与社会环境中形成的医学方法，蕴含着中华民族特有的精神、思维和文化精华，涵纳着大量的实践观察、知识体系和技术技艺，凝聚着中华民族强大的生命力与创造力，是中华民族智慧的结晶，也是全人类文明的瑰宝。

二、针灸的文化特征和价值

（一）针灸是德性文化

针灸是中华民族在长期与疾病斗争的实践中形成的传统医疗技艺，从最早的砭石为针到银针、梅花针、电针、红外针、激光针等，针灸已有五千多年的历史，针灸疗法为中华民族的健康做出了巨大的贡献。针灸具有文化与科学二重性，蕴含着朴素的天人合一文化生态观。针灸学汲取了中国儒释道文化，融入了冶炼、金属工艺、制药、天文学、历算学、生物学、地理学、人类学和心理学等多学科的知识，其理论成果是无以计数的针灸师临床经验的结晶，具有强大的文化多元性和包容性。针灸师和患者的关系即人类学研究对象中的“我者”和“他者”的关系，古代的针灸师在施针之前，往往会在自己（我者）身上做试验后才在患者（他者）身上应用，可见，针灸是一种双向互动的医疗文化和德性文化，是一种在原生态文化中产生和发展起来的德技结合的智性文化。

针灸是中华文化的组成部分，有独特而完整的理论体系，是历史发展的见证和珍贵的文化资源。针灸文化蕴含着中华民族特有的天地人和的精神价值观、整体文化观的思维方式以及以人为本的医德文化，承载着中华民族文化的密码，是维护中国传统医学文化身份和文化话语权的基本依据。

（二）针灸是人类非物质文化遗产

针灸不仅是中华文化的重要组成部分，也是中华文化在世界医学领域的重要历史成果。由于针灸疗法具有独特的优势，有广泛的适应证，疗效迅速显著，操作方法简便易行，医疗费用经济，副作用极少，因此，远在唐代，中国针灸就已传播到日本、朝鲜、印度、阿拉伯等国家和地区，并在他国开花结果，繁衍出一些具有异域特色的针灸医学，为保障全人类的生命健康发挥了巨大的作用。

2010 年，针灸入选了联合国教科文组织人类非物质文化遗产代表作名录。针灸“申遗”成功既弘扬了民族文化，又彰显了针灸个性文化；针灸文化作为文化载体，搭建起了中华民族文化与世界文化、中国医学与世界医学对接的桥梁，成为中国传统文化的杰出代表，彰显了国家医疗软实力。

（三）针灸是绿色医疗文化

针灸疗法借助经络、气血协调推动人体各器官和功能的自我调节，以朴素的阴阳平衡观来改善体质，既没有药物带入体内的未知后果，也没有毒副作用，这种靠自身经络调节达到身体康复的绿色医疗文化，符合当今人类“崇尚自然”和对“生态有机”文化的追求，是生态预防、养生和治病的绿色品牌，也是世界民众所期望的一种优秀保健形式和治疗方法。

随着针灸的广泛传播，针灸的文化传承将上升为多元文化的交融。针灸这一拥有强大生命力的文化体系将沿着自己的本色文化之路前行，为维护世界人民的健康发挥更大的作用。

相关链接

1. 传统医药入选国家级非物质文化遗产名录的标准

第一，具有展现中华民族传统医药文化的杰出价值；

第二，影响广泛，具有很高的科学认识和实践价值，具有鲜明的中国传统文化特征；

第三，世代相传，具有活态传承特点。

2. 入选第一批国家级非物质文化遗产名录的传统医药（见表 10－1）

表 10－1　入选第一批国家级非物质文化遗产名录的传统医药（9 项）

序号	编号	项目名称	申报地区或单位
1	Ⅸ－1	中医生命与疾病认知方法	中国中医科学院
2	Ⅸ－2	中医诊法	中国中医科学院
3	Ⅸ－3	中药炮制技术	中国中医科学院、中国中药协会

续表

序号	编号	项目名称	申报地区或单位
4	Ⅸ－4	中医传统制剂方法	中国中医科学院、中国中药协会
5	Ⅸ－5	针灸	中国中医科学院、中国针灸学会
6	Ⅸ－6	中医正骨疗法	中国中医科学院
7	Ⅸ－7	同仁堂中医药文化	中国北京同仁堂（集团）有限责任公司
8	Ⅸ－8	胡庆余堂中药文化	浙江省杭州市
9	Ⅸ－9	藏医药（甘孜州南派藏医药、拉萨北派藏医水银洗炼法和藏药仁青常觉配伍技艺）	四川省甘孜藏族自治州 西藏自治区

思考与练习

1. 谈谈针灸的治疗方法和文化特征。
2. 利用网络查询、搜集、整理与本章内容相关的图、文、视频等资料。

第十一章 民 俗

学习目标

知识目标

1. 掌握民俗的特征和价值。

2. 熟知我国春节、清明节、端午节、中秋节、重阳节等传统节日的习俗。

技能目标

1. 能辨识民俗中的精华与糟粕，传承优良民俗风尚。

2. 善于发掘民俗的伦理、道德规范和文化价值，具有主动尊重和适应不同民族、不同地域风俗习惯的意识和素养。

素质目标

形成对传统民俗的正确认知，增强民族文化认同，提高伦理道德修养，培养集体主义观念。

民俗是指流行于民间的风俗习惯，是民间传统文化的主要内容，是宝贵的非物质文化遗产。民俗起源于人类社会群体生活的需要，在各个民族、时代和地域中不断形成、发展和演变，在民众的日常生活中起着不可或缺的重要作用。本章以入选联合国教科文组织人类非物质文化遗产代表作名录的中华民族传统节日“春节”和“端午节”为例介绍民俗的特征和价值。

第一节　民俗概述

民俗的特征和价值

一、民俗的特征

民俗又称民间文化，是指一个民族或一个社会群体在长期的生产实践和社会生活中逐渐形成并世代相传的较为稳定的文化事项，可以简单指民间流行的风尚、习俗。民俗包括生产商贸习俗、消费习俗、人生礼俗、岁时节令、民间知识、民间信仰等，范围十分广泛。俗语说“十里不同风，百里不同俗”，我国历史悠久、地域广大、民族众多，民俗资源极其丰厚。在民俗中，凝聚着各民族民间的智慧、信仰、情感、愿望，也渗透着各民族民间的伦理规范与审美趣味，是民族民间物质文化、制度文化与精神文化的生动体现。

入选第一批国家级非物质文化遗产名录的民俗项目共有 70 项，包括入选联合国教科文组织人类非物质文化遗产代表作名录的春节、端午节、妈祖祭典、农历二十四节气、维吾尔刀郎麦西热甫等，以及清明节、七夕节、中秋节、重阳节和少数民族的一些重要传统节日。入选第二批国家级非物质文化遗产名录的民俗项目共有 51 项，包括入选联合国教科文组织人类非物质文化遗产代表作名录的羌年、中国珠算等，以及元宵节、灯会、庙会，蒙古族、藏族等少数民族服饰等。到目前为止，入选了五批国家级非物质文化遗产名录的民俗类项目共 183 项。

民俗的根本特征是模式化，并由此派生出一系列其他属性。模式化指民俗在一定范围内共同的集体性特点。民俗不是随意的、临时的、即兴的，而是传承的、稳定的；不是个别的，而是群体共同创造或接受并共同遵循的习俗。一次活动在某时某地发生，其活动方式如果不被另外的人再次付诸实施，它就不是民俗；某种活动方式只有成为多人多次同样实施的内容，它才可能是人人相传、代代相传的民俗。民俗主要靠耳濡目染、言传身教的途径在人际和代际传承，在千变万化的生活情境中，活动主体必定进行适当的调适，民俗也就随之发生了一定的变化。这种差异既表现为个人行为，也表现为群体行为，包括职业群体、地区群体、阶级群体，因此，民俗有行业性、地区性、阶级性。另外，某一代人或某一个时代会对以前的民俗进行继承和创新，这种时段之间的变化体现了民俗的时代性。

二、民俗的价值

我国是一个具有深厚的民俗传统的国家，各民族都有广大人民群众创造的各类民俗文化，代代传承。这些民俗不仅丰富了人们的生活，还增强了民族凝聚力。

民俗是传统文化中最贴近生活的一种文化，劳动中有生产劳动的民俗，日常生活中有日常生活的民俗，传统节日中有传统节日的民俗，社会组织有社会组织的民俗，人生成长的各个阶段也需要民俗进行规范，比如结婚需要有结婚典礼或仪式来求得社会认同。民俗在时间上，人们一代代传承它；在空间上，它由一个地域向另一个地域扩展。民俗是一种来自人民，传承于人民，规范人民，又深藏于人民的行为、语言和心理中的力量。它体现了中华优秀传统文化，增强了中华民族的文化认同。

传统节日是民俗的一种，节日中的传统习俗体现了中国传统文化，包含着中华民族的精神和灵魂，包含着我们的祖先对宇宙和人生的透彻认识，也包含着中华民族的悠久文明和伦理道德。如春节，中华民族沿袭年三十吃团圆饭、祭祖的习俗，蕴含着对家庭的尊重，以及对祖先的尊敬和缅怀，人们用这样的形式来表达亲情，彰显伦理道德。因此，保护传统节日具有重要的意义：

第一，延续历史。中华文化是世界上四大古文化中唯一没有中断的文化，保护传统节日是延续历史的一种手段。

第二，增强民族凝聚力。传统节日使中国人民对自己的传统和文化充满自豪感。这种自豪感，永远是团结、凝聚、唤起一个民族精神力量的最核心的东西。中国的传统文化，是维护民族团结统一的基础。

第三，增强国家的软实力。弘扬优秀传统文化可增强一个民族在世界上的竞争力，一个民族对世界影响力的大小是和这个民族文化力的强弱成正比的。

第二节　春　节

项目名称： 春节[①]

2006 年 5 月入选第一批国家级非物质文化遗产名录

2024 年 12 月入选联合国教科文组织人类非物质文化遗产代表作名录

类别： 民俗

申报地区或单位： 文化部

编号： X－1

春节的由来和习俗

一、春节概述

“春节——中国人庆祝传统新年的社会实践”于 2024 年 12 月列入联合国教科文组织人类非物质文化遗产代表作名录。冬去春来，年复一年，中国人基于传统历法体系，确定正月初一为春节，标志着中国农历新年的开始。人们围绕着送冬迎春、辞旧迎新、祈福纳祥、团圆和谐的节日主题，开展一系列社会实践活动，欢度着这一中华民族最重要的传统节日，俗称“过年”。

春节是综合性的民俗文化活动，其中包括仪式、节日装饰、饮食和逛庙会、闹社火、赏花灯等娱乐活动。具体来说，春节期间的主要活动有：腊月初八喝腊八粥、二十三日祭灶吃糖瓜、二十四扫房子、二十五磨豆腐等；除夕夜家庭团圆包饺子、团汤圆、做年糕，吃团圆饭守岁，贴春联、年画、剪纸，放爆竹；正月初一迎神、拜年，初五开小市，十五日元宵节开大市、吃元宵、游灯会、猜灯谜等。欢度春节的美好体验可感、可知、可行、可观、可品。

春节是内涵最为深厚、内容最为丰富、参与人数最多、影响最为广泛的中国传统节日。每逢春节前后，全世界华人都会欢庆这一佳节。数千年来，春节不断维系和强化着个人、家庭和国家的情感纽带，对中华文明的绵延赓续发挥了重要作用。随着海外传播范围的日趋扩大，春节已成为世界普遍接受、认同和欣赏的中华文化符号。

“春节——中国人庆祝传统新年的社会实践”为中国人所共享，在全国各地有着广泛的实践，寄托了中国人的人伦情感、家国情怀，体现了人与自然和谐共生、人与人和睦相处的价值理念，在促进家庭和睦、社会和谐、经济发展等方面发挥

① 周和平. 第一批国家级非物质文化遗产名录图典：下. 北京：文化艺术出版社，2007.

着重要作用。春节，承载着中华民族共同的理想与期盼，激发着中国人的文化创造力，不断赋予中国人追求美好生活的精神力量。

二、春节的习俗

春节是我国一个古老的节日，也是一年中最重要的一个节日，在千百年的历史发展中形成了较为固定的风俗习惯。

（一）扫尘

“腊月二十四，掸尘扫房子”，据《吕氏春秋》记载，我国在尧舜时代就有春节扫尘的风俗。因“尘”与“陈”谐音，故新春扫尘又有“除陈布新”的含义，其用意是要把一切穷运、晦气统统扫出门，这一习俗寄托着人们破旧立新的愿望。每逢春节来临，家家户户都要打扫房屋，清洗各种器具，拆洗被褥窗帘，洒扫六间庭院，掸拂尘垢蛛网，疏浚明渠暗沟，到处洋溢着欢欢喜喜搞卫生、干干净净迎新春的欢乐气氛。

（二）贴春联

春联也叫门对、春贴、对联、对子、桃符等，它以工整、对偶、简洁、精巧的文字描绘时代背景，抒发美好愿望，是我国特有的文学形式。每逢春节，无论是城市还是农村，家家户户都要精选一副大红春联贴于门上，以增加喜庆气氛，如“天增岁月人增寿，春满乾坤福满门”。

春联的种类比较多，依其使用场所，可分为门心、框对、横批、春条、斗方等。门心贴于门板上端中心部位；框对贴于左右两个门框上；横批贴于门楣的横木上；春条根据不同的内容，贴于相应的地方；斗方也叫“门叶”，为正方菱形，多贴在家具、影壁上。

（三）贴窗花和贴“福”字

在民间，春节时人们还喜欢在窗户上贴上各种剪纸。剪纸是我国一种具有广泛群众基础的民间艺术，千百年来深受人们的喜爱，因它多贴在窗户上，所以也称为“窗花”。窗花烘托了喜庆的节日气氛，集装饰性、欣赏性和实用性于一体，以其特有的概括和夸张手法将吉事祥物、美好愿望表现得淋漓尽致，将节日装点得红火喜庆。

在贴春联的同时，一些人家还会在屋门上、墙壁上、门楣上贴上大大小小的“福”字。春节贴“福”字，是我国民间由来已久的风俗。“福”字代表福气、福运，寄托了人们对幸福生活的向往、对美好未来的祝愿。有的地方将“福”字倒过来贴，表示“幸福已到”“福气已到”。民间还有将“福”字精描细做成各种图案的，例如寿星、寿桃、鲤鱼跳龙门、五谷丰登、龙凤呈祥等图案。

（四）贴年画

春节挂贴年画也很普遍，浓墨重彩的年画给千家万户平添了许多兴旺欢乐的喜庆气氛。年画是我国一种古老的民间艺术，反映了人们朴素的愿望和信仰，寄托着人们对未来的美好期盼。《福禄寿三星图》《五谷丰登》《六畜兴旺》《迎春接福》等经典的彩色年画，表达了人们喜庆祈年的美好愿望。

（五）守岁

除夕守岁是最重要的年俗活动之一。最早于西周的史料就有记载，除夕之夜，各相与赠送，称为“馈岁”；酒食相邀，称为“别岁”；长幼聚饮，祝颂完备，称为“分岁”；大家终夜不眠，以待天明，称为“守岁”。

“一夜连双岁，五更分二天”，除夕之夜，全家团聚在一起，吃过年夜饭，围坐炉旁闲聊，等着辞旧迎新的时刻，通宵守夜象征把一切邪瘟病疫照跑驱走，期待新的一年吉祥如意。

（六）放爆竹

中国民间有“开门爆竹”一说，即在新的一年到来之际，家家户户开门的第一件事就是燃放爆竹，以噼里啪啦的爆竹声除旧迎新。爆竹是中国特产，亦称“爆仗”“炮仗”“鞭炮”。放爆竹是节日的一种娱乐活动，能营造出喜庆热闹的气氛，使人们感到兴奋和欢愉。

（七）拜年

大年初一，人们都早早起来，穿上最漂亮的衣服，打扮得整整齐齐，出门走亲访友，相互拜年，恭祝新年大吉大利。春节拜年时，晚辈要先给长辈拜年，祝长辈长寿安康，长辈将事先准备好的压岁钱派发给晚辈，据说压岁钱可以压住邪祟，因为“岁”与“祟”谐音，晚辈得到压岁钱就可以平平安安度过一岁。

拜年（吴冠英 绘）

（八）食俗

腊月初八以后，人们就要忙着张罗过年的食品了。比如蒸年糕，年糕因为谐音“年高”，再加上有各种各样的口味，几乎成了家家必备的应景食品。年糕的式样主要是方块状的黄、白色，象征着黄金、白银，寄寓新年发财的愿望。年糕的口味因地而异，北方的年糕以甜为主，或蒸或炸，南方的年糕则甜咸兼具。

过年的前一夜叫团圆夜，离家在外的游子都要不远千里赶回家，全家人要围坐在一起包饺子过年。因为和面的“和”字就是“合”的意思，饺子的“饺”和“交”谐音，“合”和“交”又有相聚之意，所以用饺子象征团聚合欢；又取更岁交子之意，非常吉利。此外，饺子形似元宝，过年时吃饺子，也带有“招财进宝”的吉祥含义。

饺子象征团聚合欢

延伸阅读

1. 春节传说之一：熬年守岁

守岁，指在旧年的最后一天夜里不睡觉，熬夜迎接新一年到来的习俗，也叫除夕守岁，俗名“熬年”。关于这个习俗的来历，在民间流传着一个有趣的故事。

太古时期，有一种凶猛的怪兽散居在深山密林中，人们管它叫“年”。它的形貌狰狞，生性凶残，专食飞禽走兽、鳞介虫豸，一天换一种口味，从磕头虫一直吃到大活人，让人谈“年”色变。后来，人们慢慢掌握了“年”的活动规律，它是每隔365天窜到人群聚居的地方尝一次鲜，而且出来的时间都是在天黑以后，等到鸡鸣破晓，便返回山林中去了。算准了“年”肆虐的日期，百姓们便把这可怕的一夜视为关口来度过，称作“年关”，并且想出了一整套过年关的办法：每到这一天晚上，每家每户都提前做好晚饭，熄火净灶，把鸡圈牛栏全部拴牢，把宅院的前后门都封住，躲在屋里吃“年夜饭”。由于这顿晚餐具有凶吉未卜的意味，所以置办得很丰盛，除了要全家老小围在一起用餐表示和睦团圆外，还须在吃饭前供祭祖先，祈求祖先的神灵保佑一家人平安地度过这一夜。吃过晚饭后，谁都不敢睡觉，挤坐在一起闲聊壮胆，就逐渐形成了除夕熬年守岁的习俗。

2. 春节传说之二：万年创建历法说

相传，在古时候有位名叫万年的青年，他看到当时节令很乱，便产生了制定合理的节令的想法，但是苦于找不到计算时间的方法。一天，他上山砍柴累了，坐在树荫下休息，树影的移动启发了他。他设计了一个测日影计天时的日晷，来测定一天的时间。后来，山崖上的滴泉又启发了他的灵感，他动手做了一个五层漏壶计算时间。天长日久，他发现每隔360多天，四季轮回一次，天时的长短重复一遍。

当时的国王叫祖乙，他常为天气风云的不测感到苦恼。万年知道后，带着日晷和漏壶去见国王，讲清了日月运行的道理。国王听后大悦，把万年留下，修建日月阁，筑起日晷台和漏壶亭，希望他能测准日月规律，推算出准确的晨夕时间，创建历法，造福黎民百姓。有一次，国王去了解万年测试历法的进展情况，他看见日月阁边的石壁上刻着一首诗：

日出日落三百六，周而复始从头来。
草木枯荣分四时，一岁月有十二圆。

国王知道万年创建历法已成，亲自登上日月阁看望万年。万年指着天象，对国王说：“现在正是十二个月满，旧岁已完，新春复始，祈请国王定个节吧。”国王说：“春为岁首，就叫春节。”据说这就是春节的来历。冬去春来，年复一年，万年经过长期观察、精心推算，制定出了准确的太阳历。当他把太阳历呈奉给继任的国王时，已是满面银须，国王深为感动，为纪念万年的功绩，便将太阳历命名为“万年历”，封万年为日月寿星。以后，人们每在过年时便挂上寿星图，据说就是为了纪念德高望重的万年。

第三节　端午节

项目名称：端午节（屈原故里端午习俗、西塞神舟会、汨罗江畔端午习俗、苏州端午习俗）[1]

① 周和平. 第一批国家级非物质文化遗产名录图典：下. 北京：文化艺术出版社，2007.

2006 年 5 月入选第一批国家级非物质文化遗产名录

2009 年入选联合国教科文组织人类非物质文化遗产代表作名录

类别： 民俗

申报地区或单位： 文化部

编号： X－3

一、端午节概述

端午节概述

端午节是我国的传统节日，又名重午、端五、蒲节，时在农历五月初五。端有“初”的意思，故称初五为端五。夏历（农历）正月建寅，按地支顺序，五月恰好是午月，加上古人常把五日称作午日，因而端五又称端午、重午。

关于端午节的起源有许多传说，如纪念屈原投江、始于五月五日毒日的禁忌、越王勾践训练水师、纪念伍子胥投钱塘江和曹娥救父等，这些说法经过历代加工，与端午的民俗活动结合在一起，形成了中华民族的传统节日。

端午节的主要活动有：纪念历史人物；划龙舟；吃粽子；各种防五毒习俗（贴端午符、挂艾草菖蒲、佩戴香包等避邪物）；游戏，如玩斗草、击球、射柳等。与端午节相关的主要器具、制品有龙舟、粽子、五毒图、艾草、菖蒲、钟馗画、张天师画、屈原像等。端午节对研究民间习俗的发展有重大价值，由于它是多民族共享的节日且包含跨国习俗，因此对研究民族文化往来、国际文化交流、传统体育竞技、各民族饮食文化等均有重要意义。

二、各地端午节习俗

（一）屈原故里端午习俗

各地端午节习俗

《荆楚岁时记》记载，魏晋南北朝后端午节与纪念屈原结合起来。唐元和十五年（820 年），归州刺史王茂元在屈原故里秭归屈原沱建立屈原祠并写下祭文，众乡亲与各色龙舟汇集于此，并以此为起点，进行龙舟竞渡，形成了屈原故里端午民俗的鲜明特色。这种民俗在屈原故里延续至今，成为一种传统。

湖北省宜昌市秭归县的屈原故里端午民俗隆重而欢愉，一般端午过三次。五月初五小端午挂菖蒲艾叶、饮雄黄酒；五月十五大端午龙舟竞渡；五月二十五末端午送瘟船，亲友团聚。祭奠屈原贯穿节庆活动的始终，包括设坛祭拜、游江、龙舟竞渡、粽子寄情、乡里“闹晚”等程序，端午民俗过程因此而更见完整、紧凑和鲜活。自明代起，秭归百姓自发组织“骚坛诗社”，于端午时吟诵楚辞或作赋，相互唱和，这在全国各地端午习俗中独具一格。屈原故里端午民俗不仅传承了传统端午习俗驱疫避瘟的内容，更保留了故乡人民对屈原精神、品格的颂扬和纪念之意。

屈原故里端午民俗是中国上古楚文化和端午礼俗等的活态见证，具有人生观、价值观、历史学、心理学、人类学等多方面的研究价值。它宣扬和传播了中国古代文人杰出代表——屈原的精神品格和中国传统文化，把传统的祖先崇拜与英雄崇拜人性化和娱乐化，增强了民族的凝聚力和文化认同感。同时，这一节日民俗还传承了《楚辞》与其他民间文化的表现形式，具有丰富的文化内涵。

《屈子行吟图》(明　陈洪绶)

（二）西塞神舟会

西塞神舟会是湖北省黄石市西塞山区道士洑村村民庆贺端午节的传统盛会，主要活动有制作神舟、唱大戏、巡游、送神舟下水等仪式和活动。从每年农历四月初八举行神舟的开工仪式，扎制神舟，直至五月十五至十八的神舟会正式会期，整个活动历时 40 天，是目前国内时间较长的端午节祈福活动。

神舟会期间，当地群众日日夜夜唱楚剧大戏，四乡八岭的民众赶来向神舟许愿求福。民众自发组织神舟会，举办以消灾、祛病和求平安健康、益寿延年为主题的传统民间文化活动。神舟会借助“送神舟”这一形式为一方百姓禳灾祈福，是端午习俗中最壮观的一种民间盛会，至今已有千余年历史。该活动规模宏大，具有深厚的群众基础，至今传承不息，它集中、生动地表达了古代民间端午习俗的内容，有丰富的文化内涵。

（三）汨罗江畔端午习俗

湖南汨罗江畔端午节一般从五月初一开始，十五结束。沿江的楚塘、渔街市、凤凰山、河市、归义、红花、新市、浯口、长乐等地区的端午习俗除了办盛宴、吃粽子、插艾挂菖、喝雄黄酒、赛龙舟外，还有雕龙头、偷神木、唱赞词、龙舟下水、龙头上红、朝庙、祭龙和祭祀屈原等特殊风俗，这些民俗仪式具有丰富的文化内涵，留下了如“宁荒一年田，不输五月船”等许多端午民谣。观龙舟、回娘家、辟端阳、插艾叶、喝雄黄酒等风俗更有浓郁的地方特色。上述习俗和文化场景自汉以来就有零散的文字记载，424 年颜延之的《祭屈原文》、6 世纪初吴均的《续齐谐记》及稍后的《荆楚岁时记》《隋书·地理志》中均做了相关描述。

端午习俗

端午节让一代又一代劳动人民受到传统文化的浸染，寄托着人们对美好生活的向往、对国富民安的祈求、对屈原等先贤的深深怀念；更有青年男女把这个节日当成了相亲社交的绝佳时机。汨罗江畔端午节鲜明的个性特征可充分展现出汨罗江地方文化的特色。

（四）苏州端午习俗

苏州端午节的起源最早可追溯到对春秋时期吴国名将伍子胥的纪念。随着社会经济文化的发展，以纪念伍子胥为始的端午节逐渐演化成苏州一年一度的盛大狂欢节，形成了一整套与当地自然条件、生产生活、经济特征和文化发展状况相对应的端午民俗活动。这些活动分为四大类：第一类活动是大型的龙舟表演；第二类活动主要表现苏州人适应自然、改善生活的智慧，如采草药、挂艾叶、挂菖蒲等；第三类活动展现苏州悠久的丝织文化和特有的服饰文化，如佩百索等；第四类活动以包粽子、吃端午饭为核心内容。

苏州的五月端午活动历史悠久，内容丰富，全民参与，久盛不衰，集中展示了苏州地区富于江南特色的民俗传统。

相关链接

1. 民俗入选国家级非物质文化遗产名录的标准

第一，体现中华民族优秀传统，具有促进中华文化认同的作用；

第二，是在一定群体或族群中相沿承传的民俗活动表现形式；

第三，具有较悠久的历史，且是在当代以活态形式存在的；

第四，具有代表性、典型性，或具有独特的学术价值。

2. 入选第一批国家级非物质文化遗产名录的民俗（见表 11－1）

表 11－1　入选第一批国家级非物质文化遗产名录的民俗（70 项）

序号	编号	项目名称	申报地区或单位
1	X－1	春节	文化部
2	X－2	清明节	文化部
3	X－3	端午节（屈原故里端午习俗、西塞神舟会、汨罗江畔端午习俗、苏州端午习俗）	文化部 湖北省宜昌市、秭归县、黄石市 湖南省汨罗市 江苏省苏州市
4	X－4	七夕节	文化部
5	X－5	中秋节	文化部
6	X－6	重阳节	文化部
7	X－7	京族哈节	广西壮族自治区东兴市
8	X－8	傣族泼水节	云南省西双版纳傣族自治州

续表

序号	编号	项目名称	申报地区或单位
9	X－9	锡伯族西迁节	新疆维吾尔自治区察布查尔锡伯自治县
10	X－10	火把节（彝族火把节）	四川省凉山彝族自治州 云南省楚雄彝族自治州
11	X－11	景颇族目瑙纵歌	云南省陇川县
12	X－12	黎族三月三节	海南省五指山市
13	X－13	鄂伦春族古伦木沓节	黑龙江省
14	X－14	瑶族盘王节	广西壮族自治区贺州市 广东省韶关市
15	X－15	壮族蚂蚜节	广西壮族自治区河池市
16	X－16	仫佬族依饭节	广西壮族自治区罗城仫佬族自治县
17	X－17	毛南族肥套	广西壮族自治区环江毛南族自治县
18	X－18	羌族瓦尔俄足节	四川省阿坝藏族羌族自治州
19	X－19	苗族鼓藏节	贵州省雷山县
20	X－20	水族端节	贵州省三都水族自治县
21	X－21	布依族查白歌节	贵州省
22	X－22	苗族姊妹节	贵州省台江县
23	X－23	独龙族卡雀哇节	云南省贡山独龙族怒族自治县
24	X－24	怒族仙女节	云南省贡山独龙族怒族自治县
25	X－25	侗族萨玛节	贵州省榕江县
26	X－26	仡佬毛龙节	贵州省石阡县
27	X－27	傈僳族刀杆节	云南省泸水县
28	X－28	塔吉克族引水节和播种节	新疆维吾尔自治区塔什库尔干塔吉克自治县
29	X－29	土族纳顿节	青海省民和回族土族自治县
30	X－30	都江堰放水节	四川省都江堰市
31	X－31	雪顿节	西藏自治区
32	X－32	黄帝陵祭典	陕西省黄陵县
33	X－33	炎帝陵祭典	湖南省炎陵县
34	X－34	成吉思汗祭典	内蒙古自治区鄂尔多斯市
35	X－35	祭孔大典	山东省曲阜市
36	X－36	妈祖祭典	福建省莆田市 中华妈祖文化交流协会
37	X－37	太昊伏羲祭典	甘肃省天水市 河南省淮阳县
38	X－38	女娲祭典	河北省涉县
39	X－39	大禹祭典	浙江省绍兴市
40	X－40	祭敖包	内蒙古自治区锡林郭勒盟
41	X－41	白族绕三灵	云南省大理白族自治州
42	X－42	厂甸庙会	北京市宣武区

续表

序号	编号	项目名称	申报地区或单位
43	X－43	热贡六月会	青海省同仁县
44	X－44	小榄菊花会	广东省中山市
45	X－45	瑶族耍歌堂	广东省清远市
46	X－46	壮族歌圩	广西壮族自治区南宁市
47	X－47	苗族系列坡会群	广西壮族自治区融水苗族自治县
48	X－48	那达慕	内蒙古自治区锡林郭勒盟
49	X－49	维吾尔刀郎麦西热甫	新疆维吾尔自治区麦盖提县
50	X－50	秦淮灯会	江苏省南京市
51	X－51	秀山花灯	重庆市秀山土家族苗族自治县
52	X－52	全丰花灯	江西省修水县
53	X－53	泰山石敢当习俗	山东省泰安市
54	X－54	民间社火	陕西省宝鸡市 山西省潞城县
55	X－55	鄂尔多斯婚礼	内蒙古自治区鄂尔多斯市
56	X－56	土族婚礼	青海省互助土族自治县
57	X－57	撒拉族婚礼	青海省循化撒拉族自治县
58	X－58	马街书会	河南省宝丰县
59	X－59	胡集书会	山东省惠民县
60	X－60	安国药市	河北省安国市
61	X－61	壮族铜鼓习俗	广西壮族自治区河池市
62	X－62	楹联习俗	中国楹联学会
63	X－63	苏州甪直水乡妇女服饰	江苏省苏州市
64	X－64	惠安女服饰	福建省惠安县
65	X－65	苗族服饰（昌宁苗族服饰）	云南省保山市
66	X－66	回族服饰	宁夏回族自治区
67	X－67	瑶族服饰	广西壮族自治区南丹县、贺州市
68	X－68	农历二十四节气	中国农业博物馆
69	X－69	女书习俗	湖南省江永县
70	X－70	水书习俗	贵州省黔南布依族苗族自治州

思考与练习

1. 熟背二十四节气歌，简述 1～2 个节气的特征，并尝试用多种美术形式表现节气民俗，如涂色、拼贴、撕纸、泥塑等。

2. 请从仪式、节日装饰、饮食、娱乐活动等不同方面谈谈“春节——中国人庆祝传统新年的社会实践”的文化内涵。

参考文献

[1] 王文章. 非物质文化遗产概论. 修订版. 北京: 教育科学出版社, 2013.

[2] 苑利. 文化遗产与文化遗产学解读. 江西社会科学, 2005 (3): 127-135.

[3] 王文章. 中国非物质文化遗产保护论坛论文集. 北京: 文化艺术出版社, 2006.

[4] 王文章. 非物质文化遗产保护研究. 北京: 文化艺术出版社, 2013.

[5] 周和平. 第一批国家级非物质文化遗产名录图典. 北京: 文化艺术出版社, 2007.

[6] 中国艺术研究院, 中国非物质文化遗产保护中心. 第二批国家级非物质文化遗产名录简介. 北京: 文化艺术出版社, 2010.

[7] 中国艺术研究院, 中国非物质文化遗产保护中心. 中国非物质文化遗产普查手册. 北京: 文化艺术出版社, 2007.

[8] 乔晓光. 活态文化: 中国非物质文化遗产初探. 太原: 山西人民出版社, 2004.

[9] 石振怀. 北京市非物质文化遗产资源汇编. 北京: 北京燕山出版社, 2009.

[10] 牟延林, 谭宏, 刘壮. 非物质文化遗产概论. 北京: 北京师范大学出版社, 2010.

[11] 中国美术馆. 影中戏: 中国美术馆藏皮影艺术珍品. 石家庄: 河北教育出版社, 2009.

［12］钱超，黄朝军．论中国民间音乐的功能及价值．艺术评鉴，2020（21）：71－73．

［13］孔令平．非物质文化遗产视野下的传统舞蹈保护与研究．北京：中国艺术研究院，2016．

［14］刘铁梁．中国民俗文化志：北京·门头沟区卷．北京：中央编译出版社，2006．

［15］董晓娇．门头沟京西太平鼓形态研究与教材建设初探．北京：中央民族大学，2011．

［16］千寿山．中国朝鲜族农乐舞．北京：民族出版社，2017．

［17］杨凤一．昆曲艺术的魅力．中国音乐，2018（2）：12－16．

［18］周澳．京剧进课堂：梅兰芳塑造的美丽的虞姬．哈尔滨：哈尔滨师范大学，2021．

［19］贺锡德．中国“国粹”：京剧知识介绍（下）．音响技术，2008（1）：73，81．

［20］史冰．东北民间艺术二人转的思想政治教育价值研究．锦州：辽宁工业大学，2015．

［21］王彦发．中国民间美术概论．郑州：海燕出版社，2011．

［22］陈淑姣，张逢梅．凤翔泥塑．北京：中国轻工业出版社，2016．

［23］窦巍，陈淑姣．凤翔木版年画．北京：中国轻工业出版社，2017．

［24］张西昌．传统手工艺的知识产权保护研究．西安：西安美术学院，2013．

［25］孙立群．千古中医故事．重庆：重庆出版社，2008．

［26］任旭．中医药的传统文化特征和价值观．中国中医药报，2014－07－14．

［27］肖芒．“非遗”光环下的保护与传承：人类学视野下中医针灸的文化探析．原生态民族文化学刊，2016，8（1）：117－125．